U0147697

西藏藝術

劉志群　著

目錄

導 論

導論

西藏藝術產生於原始巫教和苯教以及與外來佛教相結合形成的藏傳佛教文化體系之中，宗教文化的底蘊充盈著西藏各種藝術形式，這些宗教文化藝術與世俗文化藝術也有著不同程度的滲透和融合。

一、西藏藝術的文化土壤

（一）神祕原始的巫教文化

大概在三千多年前，「青藏高原普遍存在著各種原始巫教，即『苯』：天苯、魔苯、贊苯等……天是代表整個自然力量的意象概念，魔是某種神祕力量的象徵，贊則是苯教古籍中主宰人間的神，還有後來的達拉、巴色、蓋闊等苯教古老的神祇，都是古代藏區具有不同崇拜偶像、不同起源和不同儀式的原始崇拜形式。」[1]

西藏遠古母系氏族和父系氏族社會時期藏人信奉的是原始巫教，亦即自然崇拜的「萬物有靈」觀念，其原始精靈鬼怪的數量多得不可計數。如果粗略歸類，大致可分為自然神龍、年、贊系統，生活神土、家、灶系統，人體神陽、戰、魂系統，圖騰崇拜的氏族、家族、個人、綜合系統，等等。

---

1 楊學政、蕭霽虹著：《苯教文化之旅》，四川文藝出版社，1986 年。

1、藏族的原始崇拜和信仰

藏族的巫術源於原始崇拜和信仰，其表現形式多種多樣，主要有對自然神和人死後的靈魂的崇拜和信仰。

（1）對山的崇拜

由於西藏的崇山峻嶺比比皆是，那些險峻的山巒，都被認為有神祇和精靈存在。

著名的神祇很多，有四大山神、四大年神、世界形成之九大年神、西藏土著十三年神等。每一座巨大山嶺的山神又都有自己數量很大的伴神及其伴偶神。以四大年神之首的瑪卿伯姆熱（阿尼瑪卿山神）為例，瑪卿伯姆熱為戰神大王、岩贊、瑪域眾土地之主，既是居士白氈神的外在顯形，又是拉薩三大寺之一的甘丹寺特有的護法神之一。十二地母之一的多吉查姆傑（納木錯湖神），是他的密法大伴偶，英勇的九王子兄弟和賢惠的九公主姐妹是他們的子女。它還有四大女伴神：東方的次丹瑪，南方的次甘瑪，西方的帕切瑪，北方的次贊瑪。而每一個大女伴神又都有很多子女。除此之外，它的伴神還有三六○個瑪系兄弟，以及十萬個瑪系兄弟的伴偶神「瑪勉」。

在藏區的大部分山口，都有以石頭堆壘起來的瑪尼堆，即使在廣大城鎮和村莊也隨處可見。在藏人居住的屋頂或大門的門楣上，都放著具有神靈意義的白石頭，藏人把這些石頭當成「山神」的象徵來崇拜和供奉。

（2）對水的崇拜

青藏高原不但山多，而且高山湖泊星羅棋布。藏族先民對水的崇拜有著自己的特色，即一開始不是以「水神形象」表現，而是將水與「天神」或「地母」結緣，認為這些湖泊都是神湖，或者叫聖湖。神湖，也包括一部分神河中的水，是天神、地母或龍女賜給的甘露，喝了可以解除人們身上的各種病痛，可以使人增加力氣、精神煥發；如果在裡面沐浴，不僅可以洗滌肌膚上的污垢，還可以清除人們心靈的煩惱。不過也有個別神湖，因為受到妖魔的玷污，神湖也就變成了魔湖，比如羌塘的扎布曲錯，只要誰的影子映入湖裡，誰就會生

病；與神山之王「岡仁波齊」並列的聖湖之後「瑪旁雍錯」旁邊有一個小湖，便被認為是著名的魔湖。

對水的崇拜與對山的崇拜一樣，在吐蕃時期，這些神湖神河有了具體的水神形象，即《黑白花十萬龍經》中的「龍神」。藏族的龍神沒有明確和具體的形象，有時甚至還把魚、蛙、蛇等水族都包括進「龍神」一類，把這些水族動物形象作為龍神的象徵。這時的龍神，不僅掌握著降雨大權，而且還管理著諸如防止疾病、饑荒等人間雜事。

（3）對靈魂的崇拜

藏族先民除了對一切自然物的崇拜，還有對火的崇拜。隨著生產力的發展，藏族原始宗教觀念在自然崇拜的基礎上又呈現出新的形式，即靈魂崇拜、祖先崇拜和伴隨著祖先崇拜而產生的英雄崇拜。

靈魂崇拜具體表現在兩個方面，一是認為，人既有肉體也有靈魂，靈魂可以離開身體，而且比附著在人身上時更有力量。同時，一部分離開身體的靈魂，還可以寄託在其他動物和沒有生命的物體上，比如寄魂牛、寄魂蜂、寄魂樹、寄魂箭、寄魂山等。據說靈魂只要有了寄託處，不但生命有了依靠，得到了保障，而且被寄託靈魂的動物或物體，還可以產生超自然的力量。在藏族史詩《格薩爾王傳》中，有許多類似的例子。

靈魂崇拜的另一種具體表現就是靈魂不滅。人死後只是靈魂離開了身體，這種游離存在的靈魂，既可以成為神，又可以成為鬼。這裡所說的神與後來佛教傳入後輪迴說中的神以及苯教中的神是有區別的。這種被先民們稱為神的靈魂，大多在生前是部落中強悍的英雄人物。為了狩獵和保衛部落安全，藏族先民選部落中有力量、勇猛的人來做首領，他們死後受到本部落的尊重和懷念，並將其「神」化進行供奉。這種近似佛教保護神的靈魂崇拜，意味著藏族先民英雄崇拜信仰的萌芽。另一種是死後成為「鬼」的靈魂。這種「鬼」生前曾使人們的生命受到威脅或侵害，死後還將繼續進行危害。對這種成「鬼」的靈魂也會加以祭祀和供奉，但當這種祭祀和供奉都不奏效時，那就只有延請巫師來

進行驅除了。

2、藏族原始崇拜的巫師和巫術

（1）巫師

在部落時代，作為藏族原始崇拜祭祀祈禱的主持人，巫師大都是由部落首領來擔任，因為掌握神權是他們能否掌握部落大權所必備的條件。據說，巫師能與鬼神通話，可上達民意，下傳神旨，能預知吉凶禍福，能為人消災祛難，並從事祭祀、占卜，以及施行招魂、驅鬼等巫術。

在許多藏傳佛教影響相對薄弱的偏僻地區，或多或少保留了一些接近於原始宗教巫師的人，比如白馬藏區的「白莫」，冕寧藏區的「拔孜」等。他們的傳承大多來自「夢中神授」，僅有一小部分是父子、師徒相傳承，他們有自己的咒語和祈禱文，有自己的祭祀儀軌。這些藏族巫師的服飾和法器有一些共同的特點，比如服飾，頭上都裝飾有羽毛（鷲鳥毛或野雞毛）；即使不裝飾羽毛的「拔孜」，也有一對象徵性的犛牛角。

（2）巫術

藏族巫師的主要職能之一就是施行巫術。他們經常施行的巫術有祭祀巫術、驅鬼巫術、詛咒巫術、招魂巫術等。比如驅鬼巫術，是一種略帶攻擊性的巫術，其驅除對象不僅只限於「鬼」，甚至包括一切邪魔在內。驅鬼巫術有多種，比如禳解驅鬼法，與「投食」詛咒巫術很相似，不同的是將人形「投食」改成各種鬼怪的形象，結束時除焚燬「投食」之外，康區還要加上投擲「冥器」來捉鬼，「冥器」就是一種十字網格靈器，可以用來捕捉鬼怪。據說，有一部分鬼怪可以變成昆蟲，巫師為萬全計，才採取這種冥器捕獲昆蟲，用火焚化，作祟的鬼怪就無處逃遁了。

3、藏族原始宗教的各種巫祭儀式

藏族原始宗教的各種巫祭儀式，包括血祭、煙祭、水火祭以及其他巫儀、咒術等。《藏域春秋》有一個從原始的「人祭」和「血祭」向更加人性的祭祀

▲ 施行巫術的巫師

內容和形式發展的傳說故事。相傳象雄托格爾王時代，王后因為三年一次的大紅祭，殺別的部落的小孩做「人牲」，看著剖腹、掏血灑祭而噁心。又有一次，她看見獵人殺狼崽，母狼圍著獵人窯洞長嚎了幾夜。獵人又將母狼捕獲，母狼臨死前一直在流淚，王后暗暗為它祈禱。晚上王后做夢，夢見母狼領著狼崽來道別：「感謝王后，因為王后的祈禱，獲得山神的護佑，要去一個幸福的地方。」王后因此而懷孕生下王子辛饒米沃，他就是雍仲苯教的創始人。這個傳說故事說明，在雍仲苯教產生之前，藏族先民社會已經對原始巫教紅祭，包括人牲、牲畜祭祀的殘酷性表示不滿。佛教傳入後，雖然以此攻擊苯教，但藏傳佛教也接受了這種祭祀方式，只是不殺活的牲口，而用牛羊的畫像或俑像，或者用酥油捏的牛羊塑像或用糌粑麵塑像來代替。另外，還出現了「放生」，牲口不再被宰殺，而是在祭祀儀式結束後散放於曠野，血祭也就變成了放生。

　　還有「煙祭」煨桑，至今十分盛行。隨著社會的發展和習俗的演變，血祭

意識日漸淡薄，煙祭開始興起，並一直沿襲至今。煙祭，藏語稱為「拉桑」，意為「供祭給神靈的香煙」。在青藏高原，可見轉經的路口、街頭、橋旁、河邊、山頭等地，抑或每一個藏族家庭宅院裡、房頂上和帳篷旁，有點燃的桑煙縷縷，香氣裊裊。人們口誦六字真言，手拿煨桑袋和桑枝香草，從袋中取出糌粑、小麥之類，往桑枝香草堆上撒，有的要灑青稞酒、茶水等。隨著縷縷上升的白色桑煙飄飛到天空，祭祀者認為自己身、語、意所祈禱和期盼的願望也傳遞給了天上的原初神「耶辛」和創世九神了。

▲ 放生羊

▲ 煨桑

（二）西藏本土深厚的苯教文化

約於西元前四世紀前後，象雄十八部落的王子辛饒米沃創立了雍仲苯教。西藏遠古社會發展到苯教時期，其信奉儘管囊括了原始巫教所有的精靈鬼怪，但人們已產生王與天神的觀念，在自然宗教的基礎上發展產生初具特色的「人為宗教」，即苯教。後來，苯教在與外來的佛教鬥爭敗北後逐漸建立起有所佛教化的理論體系，其神靈系統也在原始群神的基礎上作了較大的集中和規範，大致可分為四類：一是苯教祖師辛饒米沃；二是原初神耶辛和創世九神；三是

天神、曜神和箭神;四是納入苯教的原始神靈。雍仲苯教還信奉東西南北中五界神、地方神、守舍神、贊神、念神、龍神等,如石刻中苯教原始神靈鳥頭神和狼頭神。

苯教中巫師被稱為「苯波」,苯波在人們的日常生活中占有重要地位,如婚姻、喪葬、疾病、出行、漁獵、放牧,直至交兵、會盟等。贊普的安葬、建陵,新贊普的繼位、主政等吐蕃王朝大事,都要由他們主持儀式。在贊普宮內就設有「郭那純」的職位,即為「御前苯教師」。

二、藏傳佛教文化的基本脈絡和底蘊

(一)藏傳佛教的形成過程

佛教傳入西藏,最早在拉脫脫日年贊時期即從印度傳入幾部佛經,但無人能識讀,所以被供奉起來,一直到松贊乾布時,才譯成藏文。吐蕃贊普赤德祖贊時期佛教傳播得到王室的大力支持。赤松德贊於七五五至七九九年期間,為振興佛教文化,特派巴‧塞囊等人到唐長安去取佛經並迎請漢僧;後來他又邀請印度著名僧人寂護(靜命)大師前來吐蕃傳教,但因苯教勢力過大,四個月之後寂護返回印度。繼而赤松德贊又邀請蓮花生大師入藏,在與苯教鬥爭中採取新策略,使佛教吐蕃化,把一些苯教中的自然神定為佛教的護法神靈,把苯教的許多祭祀儀式吸收進密宗,從而為佛教在西藏的發展鋪平了道路。後來,在赤松德讚的主持下,建成了第一座佛法僧齊全的佛教寺廟,即桑耶寺,使七個吐蕃人受戒,當時稱為「七覺士」,並邀一批印度高僧建立了譯經場,使大量佛經由梵文譯為藏文。

朗達瑪滅佛運動使佛教勢力受到嚴重打擊。後來有僧人到青海地區向有名的喇欽學習佛法,返藏後在康區和衛藏建立了一批寺廟,收徒講法,形成後弘期的「下路弘法」。古格王朝時期,仁欽桑布等去克什米爾學習佛法,回來後積極宣傳佛法,翻譯經典,同時請來印度等地的高僧,傳播佛教,建立寺院,

▲ 甘丹寺展佛

形成後弘期的「上路弘法」。經過後弘期的發展，藏傳佛教各個宗派逐漸產生，如寧瑪派、噶當派、薩迦派和噶舉派等，藏傳佛教逐漸占據西藏政治、經濟、社會、文化生活各領域的中心地位。

（二）西藏藝術中的藏傳佛教文化底蘊

藏傳佛教文化的構成可謂博大精深，不僅包括外來的佛教文化，以及西藏本土的巫教文化及苯教文化，同時還涵蓋了大量社會世俗文化，包括各類民間文學藝術等。藏傳佛教文化以經論典籍、淨土信仰、哲學思辨以及文學藝術等彰顯特色。

藏傳佛教典籍首推藏文《大藏經》。藏文《大藏經》收錄的方針與漢文《大藏經》有所不同。藏文《大藏經》主要分為兩大部分：佛說部《甘珠爾》和論說部《丹珠爾》。藏文《大藏經》刻版印刷，受到漢文《大藏經》雕刻印刷的

影響，先後有「那塘古版」、理塘版、德格版、那塘版、卓尼版、巴那克版、塔爾寺版、昌都版、永樂版、萬曆版、北京版、拉薩版等。藏文《大藏經》卷帙龐大，其中所收密經大部分是漢文《大藏經》中所沒有的。

西藏的文學充滿了宗教的內容和色彩，如吐蕃早期就出現了古體詩歌「古爾魯」（道歌）。與藏傳佛教緊密連繫的文學作品，有元朝時期著名的格言體詩歌《薩迦格言》，後世又有《水樹格言》《甘丹格言》等。還有長篇英雄史詩《格薩爾王傳》，以及大量從上古流傳下來或者由佛經故事改編而來的民間故事。西藏用於說唱的話本小說，多數是佛經故事或與宣揚佛教教義有關，進而被改編為劇本，成為藏戲的經典劇目。

▲ 轉經的老阿媽

西藏的藝術門類眾多，有歌舞、樂舞、說唱、戲劇（藏戲、門巴戲、話劇）、書法、繪畫、雕塑、建築，等等，無論內容還是形式，都充滿了宗教文化底蘊。

第一章

歌舞藝術

西藏的歌舞藝術，主要是民間傳統歌舞，其歷史十分悠久，品種眾多。西藏現代專業歌舞，在繼承傳統歌舞技藝特色的基礎上進行了發展和創新，也取得了重大成就。

第一節　民間傳統歌舞

一、民間傳統歌舞發展脈絡

西藏音樂古籍記載的妙音仙女是音樂歌舞的女神。據說在遠古時期，當微風吹拂南海時，海中發出了悅耳動聽的樂音，大梵天諦聽十年而不厭，如醉如痴。久而久之，各種各樣的海之聲音融為一體，並化成一尊音樂歌舞女神。

辛饒米沃執掌雍仲苯教時，在頻繁舉行的苯教祭禮以及慶典場面中，有人在跳卓（鼓）舞，有人在跳噶爾舞，有人在跳象雄苯教歌舞。

部落時代上丁二王之布德貢傑時期，隨著雅礱河谷農業生產日新月異的發展，產生了農民預祝豐收的節日「望果節」，每逢節日，農民們都痛飲醇香的青稞美酒，通宵達旦地盡情表演「果諧」等民間歌舞。

吐蕃時期的「阿卓」歌舞，在桑耶寺壁畫上就有所反映。

隨著社會的進步，慶祝活動中產生了「載諧」或「載魯」等慶典歌舞，諸如迎娶大唐文成公主和尼泊爾尺尊公主、慶賀吞彌·桑布扎新創藏文等。

到了分裂割據時期，隨著吐蕃王裔的遷入，一部分曾經在雅礱地區盛大典禮上演出的慶典歌舞「諧欽」開始在阿里一帶盛行，與當地的民間歌舞相互融合，為本來就豐富多彩的阿里民間歌舞錦上添花。

拉達克王朝時期，「古格宣」歌舞以空行母化身少女且歌且舞朝拜託林寺為內容而進入歷史舞台；而「亞巴亞瑪」歌舞則是根據格薩爾王的傳奇故事並在阿里日土縣一帶流行。

薩迦五祖之後，出現了向各地攤派歌差、表演特定節目的現象，如「諧蘇」（即迎接歌舞），就是專門迎接薩迦赤欽時表演的歌舞。在藏巴第斯桑結嘉措時期和噶丹頗章政府誕生後的一段歷史時期裡，供雲噶爾歌舞發展起來。

十六世紀時，僧人創作了「古爾魯」道歌說唱藝術。六世達賴喇嘛倉央嘉

措的「古爾魯」道歌作品，與其說是「道歌」，不如說是「民歌」，而且其中大部分還是「情歌」。倉央嘉措以西藏中部地區廣泛流行的六字一行、四行為一首的通俗民歌詩體創作了許多膾炙人口的「古爾魯」作品，因其通俗易懂而在民間廣為流傳，其中不少的「古爾魯」歌詞被拉薩民間藝人譜寫成「囊瑪」歌曲，令人耳目一新、百唱不厭。

在西藏分治割據時期出現的「歸布」琴，為本來沒有伴奏的「果諧」歌舞增添了音樂伴奏，誕生了一種別開生面的當地人稱為「扎年夏布卓」（即六絃琴歌舞）的「堆諧」歌舞品種，並迅速在雅魯藏布江上游的定日、拉孜、薩迦一帶流行。十七世紀，這一歌舞品種又從上述高原地帶流傳到拉薩等地，發展演變成「拉薩堆諧」（「踢躂舞」）。

「囊瑪」與「堆諧」相同，最初也是來自阿里三圍一帶的民間歌舞。「囊瑪」傳到拉薩後如同「堆諧」一樣，在城市特定的文化環境中又發生了深刻的

▲ 「果諧」表演

▲ 歌舞藝人阿乃與益西卓瑪在表演。

變化。「囊瑪」音樂變成既有慢板又有快板的舞蹈音樂，而且在所有慢板歌舞前都有一段固定程式的前奏音樂。十八世紀，多仁・丹增班覺不僅開創了民族器樂合奏的先河，而且還創作了《給巴桑松》《松了米央》等「囊瑪」新作。

拉薩成為西藏地方政府的首府後，不僅招來了一批為宮廷表演歌舞的「噶爾巴」藝人，還吸引了許多民間藝人來此獻藝謀生。通過這些藝人的傳播，拉薩開始流行「堆諧」和「囊瑪」歌舞。上世紀五〇年代，拉薩著名歌舞藝人阿乃與益西卓瑪一個伴奏、一個歌舞，在社會上影響巨大。

二、民間傳統歌舞種類

（一）箭歌舞「達諧」

西藏民間的箭歌舞「達諧」，是西藏民間歌舞中獨具特色的藝術品種。林芝地區是西藏最著名的箭歌舞盛行的地區之一。按照古老的傳統習俗，人們在舉行射箭比武的時候，總有老者把代表吉祥的「切瑪」（用糌粑和酥油拌成的粉）撒向藍天，祈求神靈為眾生降福。他們舉起手中的弓箭邊舞邊唱起箭歌。歌曲中的襯字和作為舞蹈伴奏的呼喊聲，雖沒有什麼實際意義，但它們是表達激越感情的一種方式，也是為內容服務的重要藝術手段。

◀ 男子箭歌舞
「達諧」表演

◀ 女子箭歌舞
「達諧」表演

（二）野牛歌舞「希榮仲孜」

「希榮仲孜」，藏語「希榮」是地名，「仲孜」意為野牛歌舞。相傳，「希榮仲孜」野牛歌舞是五世達賴根據自己的夢境派人編排的，每年藏曆六月底至七月初，在雪頓節「諧潑」（開幕式）上和「扎西丹增」（閉幕式）上都會表演「希榮仲孜」。由於「希榮仲孜」歌舞表演寓意了祝福、吉祥、圓滿等，過去節慶時，各地都會表演這種野牛歌舞。

「希榮仲孜」的表演及伴奏者共七人，全部是男性。「野牛」兩頭，每頭

▲ 野牛歌舞「希榮仲孜」表演

由兩人扮演，「阿讓」（或「阿熱瓦」，領舞者）、擊鈸、擊鼓者各一人。野牛歌舞以舞蹈表演為主，附加少量的說唱。它主要表現獵人的聰明才智和勇敢超人的膽略，以及征服野犛牛時的喜悅心情，同時也表現野犛牛的特殊本領及其被征服前後的不同反應。

（三）耍牛皮船歌舞

　　生活在雅魯藏布江兩岸的藏族漁民，祖祖輩輩打魚為生。漁民利用本地牧業生產發展的有利條件，用牛皮製造了牛皮船，用於漁業生產。能歌善舞的漁民們打魚歸來時，用一隻槳敲擊身上背著的牛皮船船幫伴奏，邊走邊舞，慢慢地形成了「耍牛皮船歌舞」。由於該歌舞是在野犛牛歌舞的基礎上演變而成，因此它的歌詞中仍保留著一部分原來的內容，如野牛的來歷與馴服的過程等。歌舞由「頭部的雄姿歌舞、飄蕩的肩膀歌舞、柔軟的腰部歌舞和靈活的腳部歌

▲ 「耍牛皮船歌舞」表演

舞」等四個部分組成。「頭部的雄姿歌舞」，舞者頭頂牛皮船，使出全身的力氣甩動著皮船，邁著堅定有力的步伐，同時用船槳敲擊船幫作為伴奏，具有娛樂性和觀賞性。

（四）打狼歌舞「姜諧」

　　古代藏人為了適應高原特殊自然環境的需要，都非常重視飼養家畜，但是他們又要面對野獸對家畜的襲擊，其中危害最大的就是狼。當時誰能夠打死狼，誰就會得到大家的稱讚和獎勵，並且形成一種習俗：每當有人打死狼的時候，能歌善舞的人們，用自己響亮的歌聲和奔放的舞蹈，真誠地為打狼的勇士們祝福。打死狼的勇士更是興高采烈地帶著狼皮，領著表演歌舞的人員，到各個牧場和村莊一邊表演自編的節目，一邊領取各家各戶贈送的獎品。漸漸地形成了一套歌舞，稱為「姜諧」，意為「打狼歌舞」。「打狼歌舞」在漫長的藝術

▶ 打狼歌舞「姜諧」
　表演

▶ 儀式性雜技歌舞
　「恰堪塔旭」表演

實踐中，漸漸地發展出了二十個節目。

（五）儀式性雜技歌舞「恰堪塔旭」

　　「恰堪塔旭」，即雜技滑繩，簡稱「恰堪」。「恰堪」的表演通常由一名主演「恰堪」、一名叫作「阿古」的喜劇角色和十多名伴唱及拉毛繩的人員組成，他們通過表演雄鷹等鳥類飛舞盤旋的驚險姿態，塑造各種獨特的藝術造型。首先，在高亢悠揚的領唱與伴唱聲中隆重舉行祭祀儀式，接著，「恰堪」

與「阿古」相互配合，通過說唱表演吉祥喜劇，最後，在讚歌聲中，「恰堪」在高高的木桿上演完所有規定動作，閃電般地從高空順著滑繩降落到觀眾之中。「恰堪」充分利用藏人善於歌唱的特點，在整個表演過程中伴唱貫穿始終，使古老的雜技藝術增加了新的色彩。

（六）抗冰雹災害的儺歌舞「吉達」

古代，常常遭受冰雹災害，按照苯教的思想，這是由天神娘娘派來的冰雹魔鬼造成的。因此人們通過表演進行招魂，並砍斷魔爪，最後降服帶來冰雹災害的魔鬼，漸漸地形成了儺歌舞「吉達」。該歌舞全稱「吉達吉姆」，意為「父親與母親」。表演時父親面戴白色面具，母親戴著綠色面具，還有四名不戴面具的阿叔、四名戴山羊皮面具的喜劇演員「阿雜熱」。在鼓鈸伴奏下，他們持牛尾、羚羊角、大刀、弓箭、木杈等，載歌載舞。這種形式的歌舞主要流傳於西藏日喀則地區的昂仁縣、拉孜縣、定日縣和薩迦縣等冰雹災害比較頻繁的地

▲ 抗冰雹災害的儺歌舞「吉達」表演

區。

「吉達」只能在遭受冰雹災害後外出巡演，通過表演既能夠把降災的魔鬼揪出來示眾，並砍斷魔爪，又能夠獲得人們為表達同情而捐獻的款物。但是，外出巡演必須在年底除夕前結束，方便演員回到家鄉，並在進家門前到河中洗淨身上的邪氣，銷毀所有的道具；在沒有發生冰雹災害的日常生活中，為了避免觸動鬼神，不准表演「吉達」，人們在談論時也不准說出它的名稱，只能用「壞藝術」這個詞來代替它。

（七）農區圓圈歌舞「果諧」

「果諧」，意為圓圈歌舞，因圍成圓圈歌舞而得名，這是西藏農區主要的民間歌舞。這種歌舞表演人數不限，多則十多人至幾百人，少則四五個人，男女老少均可參加表演。表演時，男女歌手自由攜手成圈，男領舞者領唱，大家齊聲跟唱，邊唱邊舞，按照順時針方向繞圈，一曲接一曲連續不斷，然後齊喊

▲ 圓圈歌舞「果諧」表演

「去、去、去」或「秀、秀、秀」等轉入激情舞蹈；男唱一段，女唱一段，然後相互對唱對跳，一直跳到唱完為止，最後用風趣的歌詞結束這一段舞蹈。一般沒有樂器伴奏，但個別地區也有樂器伴奏，如阿里地區扎達縣、普蘭縣等地用六絃琴伴奏；日喀則地區宗喀縣一帶用敲鼓來進行伴奏；山南地區扎囊縣的領舞者手執串鈴，隨著腳步的節拍進行伴奏。

　　各地的「果諧」大都是由一段深情豪放的慢板和一段歡快奔放的快板組成。各地的音樂旋律都帶有明顯的地方風格。為了更好地協調舞步，在每首歌曲的快板段首尾處都增加一小段方言土語的唸誦，作為快板旋律的前奏和尾聲。

（八）牧民歌舞「卓果諧」

▲ 阿里地區的「卓果諧」表演

▲ 那曲地區的「卓果諧」表演

「卓果諧」，藏語意為牧區或牧民的「果諧」，就是牧民的圓圈歌舞，俗稱牧民舞。

　　「卓果諧」是盛行在牧區草原上的一種歡騰、熱烈、豪放的歌舞。主要流傳在阿里、那曲、昌都等牧區。

　　「卓果諧」的動作產生於牧業生產勞動中。這些動作幅度大、放得開，有著濃郁的生活氣息和游牧民族特色。舞跳時，人們自然圍成圓圈，男女各半或混合站立，男女各有一名「諧本」(領舞者)，參加的人數不限，少則十幾人，多則上百人，男女老

少均可參與。無樂器伴奏，先由男舞者唱一段，男女共同起舞；再由女舞者唱一段，然後一同起舞。邊唱邊舞，按順時針方向移動。舞蹈先跳幾段慢板，然後轉入快板。快板時，一段比一段快，舞者情緒歡騰熱烈。

（九）大型儀仗慶典歌舞「諧欽」

「諧欽」，是史詩般的大型儀仗慶典歌舞藝術形式。與其他藏族傳統歌舞形式相比，「諧欽」在表演內容、表演規模、服裝道具等方面獨樹一幟。

「諧欽」由上、中、下三個部分組成。第一個部分是開場歌舞；第二部分「諧」是主要內容；第三部分是吉祥的尾聲。它是祝頌歡慶的歌舞，具有悠久的歷史，廣泛流行於西藏日喀則、山南地區。

以日喀則地區崗巴縣昌龍「薩央諧欽」為例，表演者男四女五，共九人。以正式表演者的表演程序為準，村裡的人都可以參與表演，但正式表演者在圈內跳，非正式表演者必須在圈外跳。

山南「諧欽」，廣泛流行在山南十二個縣中，但各縣的稱呼有所不同。諧欽的演出一般分為「台諧」(慢歌)、「松加舞步」(啞巴舞)、「喀諧」(口誦舞)

▲ 山南地區「諧欽」表演

三段。

　　這種歌舞只在重大的慶典和婚慶時表演，因此被人稱為「吉祥歌舞」。

（十）「囊瑪」歌舞

　　「囊瑪」歌舞，起源於阿里地區，後來流傳到後藏和前藏地區，五世達賴時期特別興盛。

　　「囊瑪」歌舞歌唱部分一般是獨唱或齊唱，在唱歌過程中可以伴舞。舞蹈部分的表演可以只跳舞不唱歌。「囊瑪」歌舞一般有固定的前奏和尾聲，由慢板與快板兩部分組成。它結構形式十分完整，旋律優美動聽。它是在吸收西藏傳統的「果諧」「堆諧」等歌舞成分的基礎上發展而成的。為了體現每種歌舞音樂各自的特性，「囊瑪」歌舞音樂使用標誌性前奏和尾聲等固定旋律。

（十一）「堆諧」歌舞

　　「堆諧」歌舞源於西藏「堆」地區民間，具有這個地區的風格和特色，因

▲ 「囊瑪」歌舞表演

而稱為「堆諧」。其特點是使用扎年琴彈唱舞跳。在西藏的「堆」地區，有南北兩種不同派別的「堆諧」歌舞，南派是定日「堆諧」，叫「洛諧」；北派是拉孜「堆諧」。「堆諧」的表演特徵，舞蹈以腳踏點子為主，輕鬆活潑，歡快熱烈，靈巧大方，既能自娛，又能娛人。民間表演沒有正規的舞台，一般在地上放一塊木板，這樣跺腳時發出「答、答、答、答」有節奏的聲響。「堆諧」沒有固定的演出時間和地點，多在過年過節和勞動閒暇時，大家聚集在一起邊唱邊舞。也不受人數的限制，單人、雙人或更多的

▲ 拉薩「堆諧」表演

人表演均可。「堆諧」分為「降諧」（慢板）和「覺諧」（快板）兩個組成部分。

在西藏各地流傳最廣的是拉薩「堆諧」，它是由拉孜「堆諧」演變而成。

▲ 「洛諧」表演

▲ 「噶爾」歌舞表演

拉薩藝人改變「堆諧」原有的標誌性前奏、間奏和尾聲,整個歌舞更加柔和輕盈。

(十二) 宮廷「噶爾」歌舞

西藏著名的噶爾歌舞隊曾有三個:一個在拉薩市布達拉宮,隸屬舊西藏地方政府;一個在日喀則扎什倫布寺,隸屬班禪堪布會議廳;還有一個在昌都地區的強巴林寺。其中布達拉宮噶爾歌舞隊影響最大。

布達拉宮「噶爾」,是專為達賴喇嘛和舊西藏地方政府的高級僧俗官員服務的。是一種全部由十三歲左右男童演出的歌舞藝術。主要表演的節目有「噶魯」「噶爾」兩大類。「噶魯」即歌,主要是以童聲齊唱及器樂合奏的音樂形式表演;「噶爾」是舞,分「波噶」(男子舞)、「嫫噶」(女子舞)、「持噶」(刀舞)三大段,進一步細分為二十八小段。「嫫噶」也由男童表演。

（十三）「熱巴」歌舞

以鈴鼓、弦子為特點的「熱巴」歌舞，是流傳在西藏東部地區和藏北草原上的民間職業性歌舞品種。它有著悠久的歷史、眾多的流派、高超的技巧，在西藏民間歌舞藝術中占有重要的地位。

著名的「熱巴」有那曲地區的丁嘎「熱巴」、昌都地區的丁青縣窩托「熱巴」、家族式的丁青縣孜托康沙「熱巴」、被稱為「活化石」的察雅縣煙多「熱巴」、氣勢磅礡的八宿縣謝按「熱巴」，等等。

▲ 「熱巴」歌舞表演

▼ 「甲諧」歌舞表演

（十四）大型儀仗歌舞「甲諧」

大型儀仗歌舞「甲諧」，流傳於日喀則西部地區的聶拉木縣布菜鄉、乃龍鄉，定日縣協嘎鄉措果村、向巴村，薩嘎縣定嘎鄉等地。

「甲諧」是人數眾多的大型歌舞，男女動作相同，只是男性動作幅度大，具有後藏男性彪悍風格；女子動作幅度小，表現出後藏婦女淳樸典雅的風韻。「甲諧」的舞蹈韻律氣勢磅礴。「搖頭」「甩頭」等動作突出頭戴大黃圓帽的特別；「擺肩」「擰腰」等動作顯示身上所穿古代服飾和佩戴的珍貴裝飾的威風；「八字踏步」「四步一點」等舞步突出下身所穿黑色大裙的順勢飄蕩。

（十五）手鐲歌舞「筒佳」

「筒佳」，「筒」即白海螺，是西藏吉祥八寶之一，用螺殼製成手鐲，寓有吉祥、招財迎寶等內涵；「佳」即舞蹈；「筒佳」即「海螺手鐲歌舞」。「筒佳」

▲ 手鐲歌舞「筒佳」表演

流傳於日喀則西部宗喀縣吉隆鎮一帶。它以獨特的女子雙手撞擊白海螺手鐲的動作、輕快的舞步、優雅流暢的歌曲在後藏地區獨樹一幟，是當地群眾在宗教節日和民俗活動中不可缺少的舞蹈之一。

「筒佳」是女子表演，並由女子領唱和領舞。開始時歌聲緩慢，舞姿優美抒情，然後逐步加速轉入中板，領舞者喊一聲「底爾……呷」即轉快板，通過不斷地喊「底爾……呷」以提高舞者的情緒，把舞蹈一步步推向高潮，最後在歡快熱烈的氣氛中結束。歌詞大多歌頌當地人所信仰的噶舉派和寧瑪派高僧大德、讚美自然景物或相互祝願等。

（十六）林芝六絃琴歌舞「扎年波咚」

「扎年波咚」，又名「扎年霞布卓」。「扎年」即六絃琴，「波」在林芝地區泛指舞，「咚」是敲擊或跳的意思。很早以前，工布地區有一位能歌善舞、多才多藝的民間歌舞藝師旦巴瑪登桑珠，他精心構思，把工布的「扎年」琴加進當地的「波」舞，創造出林芝地區獨具特色的民間歌舞。

「扎年波咚」是民間逢年過節時的一種群眾性歌舞。「扎年波咚」表演人數不限，多為男子集體舞或男女集體舞表演，大家圍著半圓或圓圈，男子各持一把「扎年」琴作為伴奏樂器，腳下動作男女相同。男女舞者輪歌共舞，氣氛熱烈。《扎年扎西傑布》歌舞組合最具工布歌舞特點，融說、唱、跳為一體，對「扎年」琴作了細膩、生動的形象描繪，曾被新一代文藝工作者搬上舞台，流傳甚廣，深受群眾喜愛。

▲ 弦子歌舞「諧」表演

（十七）弦子歌舞「諧」

「諧」是藏語音譯，漢譯則稱為「弦子」，因以絃樂器「畢旺」伴奏而得名，是昌都地區具有代表性的一種傳統歌舞。

表演「諧」時，男女各半圈圍成圓形，畢旺琴手（即諧本）站在排頭，男的先唱，女的重唱一遍，邊唱邊舞，按照順時針方向移動。節奏從慢板開始，經中板到快板結束。「諧」的歌詞內容有頌家鄉、頌大自然、頌名勝古蹟、述風土人情、述男女愛慕之情等。它的基本動作豐富，風格輕盈舒展。

（十八）昌都「果卓」（鍋莊）

「果卓」，即圍成圓圈跳的歌舞，主要流行於西藏東部的昌都和四川、青海、雲南、甘肅等省的藏族地區。「果卓」的稱謂不一，有「卓」「果卓」「卓欽」「鍋莊」「歌莊」，等等。「果卓」因攜手踏歌，所以制約了手臂的動作，但腳步動作豐富多彩，如輕鬆快樂的「前後點地抬步」，有力大方的「踩踢步」，豪邁的「抬腿步」，優美柔軟的「平走步」。有慢速、快速和中速步伐。

▼ 昌都「果卓」表演

▶ 打阿嘎歌舞
「阿諧」表演

動作中模擬雄鷹的舞姿較多，如用「踩踢步」和「雙擺手」動作模擬雄鷹飛翔前的助跑；「前掖步」和「展翅」動作模擬雄鷹在天空翱翔等。

「果卓」分為農區「果卓」、牧區「果卓」和寺廟「曲卓」三種。農區的「果卓」矯健奔放，牧區的「果卓」歡快熱烈。「曲卓」粗獷典雅並帶有半職業性。

（十九）打阿嘎歌舞「阿諧」

「阿諧」是打阿嘎時跳的一種勞動歌舞。「阿嘎」指鋪地和蓋屋頂用的一種硬黏土，因此人們把這種勞動歌舞稱為「阿諧」。「阿諧」歷史久遠，流傳廣泛。

「阿諧」分民間「阿諧」、寺廟「阿諧」、藏兵「阿諧」三類。民間「阿諧」隊由城鎮男女居民組成，寺廟「阿諧」隊是寺廟普通扎巴(僧人)組成，藏兵「阿諧」隊以軍營中的年輕藏兵組成。三類「阿諧」隊的內容、形式、特點基本一樣，只是民間「阿諧」男女都有，自由風趣，歡快熱烈；寺廟和藏兵「阿諧」都是男性，氣勢雄壯，動作幅度也比民間「阿諧」大。「阿諧」是「歌唱」和「誦白」與勞動動作相結合的一種藝術形式。「歌唱」可以統一勞動節奏，

減輕勞動疲累；「誦白」時相互風趣地逗樂，活躍勞動氣氛；舞蹈能提高勞動情緒，加大動作幅度。它雖沒有伴奏樂器，但有條件的舞者會在勞動工具「博度」上拴上串鈴，在打阿嘎時按不同的勞動節奏響起清脆的串鈴聲。

（二十）阿里女子古歌舞「宣」

「宣」是象雄語，即歌舞之意。它是藏族古老的一種女子歌舞，有獨特而華貴的服飾，優美而動聽的歌聲，典雅而穩健的舞步，多在民間或宗教慶典場

◀ 阿里女子古歌舞「宣」表演

◀ 鼓歌舞「斯瑪卓」表演

合表演。它主要流傳在阿里地區的扎達、普蘭、日土、噶爾等縣。

「宣」分「頓宣」和「加宣」兩種跳法。「頓宣」即身前拉手錶演；「加宣」即身後搭手錶演。為上層人士和寺院活佛表演時只能表演「加宣」，這是一種禮節，因為在身前拉手被認為不尊重。「宣」的動作特點在於膝部的屈伸、腿的抬落、上身的前後擺動。基本隊形有圓圈、半圓圈和龍擺尾等。

（二十一）鼓歌舞「阿卓」

「阿卓」，「阿」即鼓，「卓」即舞，也就是鼓舞，簡稱「卓」。流傳於西藏各地，主要有「奪頗章卓」和「斯瑪卓」。

「奪頗章卓」，即西藏山南地區乃東縣奪頗章鄉的「卓」。過去，既要為帕竹政權支藝差，又要向布達拉宮朗傑扎倉支藝差，並在桑耶寺維修竣工大典上多次獻藝。演出開始時，由「阿熱」（領舞師）領舞，「卓本」（鼓師）緊跟其後，眾鼓手依次相隨。眾舞者在阿熱的帶領下，依次表演十四段節目。基本隊形有五種：左轉圈、半圓圈、交叉形、麻花形、龍擺尾。歌詞主要敘述桑耶寺的修建過程。

「斯瑪卓」，是日喀則城南約十公里處斯瑪村農民表演的一種民間鼓舞，由七名男演員組成，其中包括一名「卓本」。「卓本」帶著面具，手持「達達」（彩箭），腰挎長腰刀，右手大拇指套「下布站」（由象牙製成），脖子上套串鈴。隨著高亢嘹喨的音樂節奏，動作由緩慢到熱情奔放。

（二十二）說唱歌舞「百」

「百」是遠古時期出征將士的儀式性說唱歌舞，至今在西藏各地流傳。

（二十三）格薩爾歌舞

格薩爾歌舞在格薩爾說唱藝術基礎上形成的，興起雖晚，但發展迅速，目前盛行於西藏各地，包括各地市歌舞團。

第二節　現代專業歌舞

一、現代專業歌舞的發展

上世紀五十、六十年代，伴隨著西藏和平解放及民主改革的歷史腳步，西藏人民在共產黨領導下擺脫了封建農奴制度的長期束縛，當家做主人，心中的喜悅和自豪像決堤的河水傾瀉而出，人們用歌聲盡情抒發對美好未來的無限憧憬。

一九五四年三月，在原達賴文工團的基礎上組建了一個赴內地演出團，創作和排練出一些具有藏族民間歌舞特色、反映西藏和平解放等主題的歌舞節目，如《羊卓嘎姆林》《蔚藍色的天空》《西藏：我們的家鄉》和《格巴桑布》等。八月，該演出團隨西藏參觀團從拉薩出發東行，經昌都、甘孜抵成都，沿途慰問了築路部隊；又從成都出發經重慶、武漢、南京、上海、杭州、瀋陽、天津等地參觀訪問演出。國慶節前，全團趕到了首都北京，在中南海為中央首長匯報演出，受到黨和國家領導人的高度讚揚。

一九五六年四月二十五日至五月一日，西藏自治區籌委會成立。以陳毅副總理為團長的中央代表團赴拉薩祝賀。中央代表團文藝工作隊帶著祖國各民族的優秀文藝節目，與西藏工委文工隊、西藏軍區文工團及西藏各地文工隊和藏戲隊一道歡聚在拉薩，舉行了精彩的文藝表演，節目展示了各兄弟民族在祖國大家庭裡和睦相處與歡樂幸福的生活情景。近百人的西藏文藝代表團，於一九五六年年底取道青藏公路赴京，參加了一九五七年春在北京舉行的全國民族民間音樂舞蹈匯演，受到首都人民的歡迎。

一九五一至一九五九年，「一面進軍、一面修路」的進藏部隊的隨軍歌舞工作者身居第一線，一邊深入現實生活、瞭解動人的英雄事蹟、體察軍民的真摯感情，一邊虛心地從藏族傳統音樂中吸取營養、發掘繼承優秀的民族音樂傳

統，創作了一批新的具有鮮明民族特色的當代歌舞作品。

一九五九年實行的西藏民主改革，揭開了西藏歷史的新篇章，西藏各項事業的發展進入了一個嶄新的歷史階段。九月，拉薩市委宣傳部組織市區近六十個單位的業餘宣傳隊舉行匯演。拉薩古城的群眾文藝活動也如雨後春筍般地興起，城關區所轄的南城區、北城區、西城區、東城區的業餘宣傳隊相繼成立。九月至十月初，剛剛組建一年的西藏自治區歌舞團，編排了一些反映百萬農奴翻身得解放的節目，如歌舞《豐收之夜》等，並參加了建國十週年在京舉行的全國文藝匯演。

一九六三年，舉行了全區第一次群眾文藝匯演，並組成代表團赴京參加全國少數民族業餘文藝匯演，演出了一批既有新內容又有鮮明民族特色的好節目，歌舞創作主要有《歡慶豐收》《洗衣歌》《逛新城》《豐收之夜》等。

一九六五年，在區黨委宣傳部組織領導下，集中了西藏文學、音樂、舞蹈、表演等方面一大批援藏藝術家，與部分新培養起來的藏族音樂舞蹈工作者一起，創作排練了大型音樂舞蹈史詩《翻身農奴向太陽》，為九月西藏自治區的正式成立獻禮。在西藏自治區正式成立的喜慶日子裡，區內各文藝團體同中央民族歌舞團、中央歌劇院等藝術團一道進行了慶祝演出。大慶之際，在拉薩舉行了全區第二屆專業文藝匯演，參演節目清新剛健，具有濃郁的民族特色和強烈的時代氣息，生動地反映出藏族人民翻身解放的喜悅和嶄新的精神面貌。

一九八〇年三月，中央召開了第一次西藏工作座談會。從此，西藏進入了社會主義建設新時期。初冬，西藏自治區歌舞團赴京參加了全國少數民族文藝匯演，推出了一批優秀的音樂舞蹈節目，其中，歌舞《林卡歡舞》《夏爾巴的春天》獲獎。

一九八一年五月十一日至十六日，為慶祝西藏和平解放三十週年，中央民族歌舞團、雲南省歌舞團、成都軍區戰旗話劇團等先後到達拉薩。五月二十三日前後，區內外各文藝團體在拉薩舉行了精彩的文藝表演。

一九八二年十月初，「噶爾歌舞」在拉薩市群藝館和西藏師範學院文體系

的搶救下，首次在拉薩市東方紅影劇院進行公演。

　　一九八四年初，西藏自治區歌舞團創作了大型民族歌舞劇《熱巴情》，由區內第一代藏族作曲家白登朗傑、格桑達傑作曲。四月二十九日，在北京舉行了演出，受到了觀眾的肯定和好評。十一月八日，西藏自治區政協文教工作組在拉薩主辦了「囊瑪歌舞音樂會」和「囊瑪歌舞音樂座談會」。

　　一九八五年，西藏自治區成立二十週年，西藏各地舉行了隆重的慶祝活動。

　　一九八六年十月，在文化部的組織安排下，以西藏自治區歌舞團為主組成的「西藏藝術團」赴京參加演出，並在首都民族文化宮為駐華使節和各國專家等舉行專場演出，贏得高度讚揚。

　　一九九二年六月，由西藏大學藝術系副教授、區藏族音樂專家雪康·索朗達傑編著的《歌舞概論》（藏文）一書正式出版發行。十二月一日，在澤當舉辦了山南地區首屆雅隆文化藝術節，山南八個縣的民間藝術團體在澤當鎮聯合演出。

　　一九九四年八月至九月，為慶祝自治區成立三十週年，西藏自治區歌舞團創作上演了大型主題歌舞《大雁頌》，受到各界觀眾的一致好評。

　　一九九七年七月初，為迎接香港回歸祖國，自治區歌舞團創作上演了大型歌舞音樂會《回歸頌》。

　　一九九九年六月二十五日，大型主題歌舞《珠穆朗瑪》在北京工人體育館演出，得到觀眾的好評。八月，全國第六屆民運會拉薩分會場開幕式大型歌舞表演《吉祥頌》，獲得巨大成功。

　　二〇〇〇至二〇一二年西藏自治區創作的歌舞主要有大型主題歌舞《天上西藏》等。

二、重要的歌舞創作

(一)《草原上的熱巴》

藏族歌舞《草原上的熱巴》，在漢族編導配合下，由藏族舞蹈家歐米加參創編。主要演員有西藏自治區歌舞團察雅熱巴傳人次仁卓瑪和覺木隆藏戲班的次仁藝人。優美獨特的舞姿與柔情動聽的畢旺（牛角琴）琴聲，以及次仁擅長的藏戲躺身蹦子的高超絕技，《草原上的熱巴》取得了極好的藝術效果。該歌舞一九五七年參加了在莫斯科舉行的第六屆世界青年與學生聯歡節，榮獲銀獎。

(二)《豐收之夜》

集體歌舞《豐收之夜》，西藏自治區歌舞團於一九五九至一九六四年創演，作曲為周明德。它是專門為西藏自治區歌舞團赴京參加國慶十週年獻禮演出而創作的，是西藏自治區歌舞團成立後的第一部創作作品。音樂採用後藏「堆諧」和衛藏「果諧」的基本音調發展而成，既保留了「堆諧」的基本特色又在創作手法上有了創新。整個作品反映了藏族人民樂觀向上的精神風貌，展現了時代精神。

(三)《逛新城》

雙人歌舞《逛新城》，創作於一九六〇年，鄧先愷等詞、李才生曲。《逛新城》的首演演員為白興吾（扮演女兒）、張新民（扮演父親）。一九六三年拉薩市民族藝術團開始用藏語進行演出，並於一九七三年錄製了《逛新城》藏語表演版，由土登、平措卓瑪演唱。一九五九年實行民主改革後，拉薩的城市面貌有了很大的變化，歌曲貼近當時的時代背景，具有濃郁的民族風格。歌舞採用表演唱的形式，塑造了翻身農奴父女倆的形象，表達了西藏人民獲得新生

後無比興奮的心情。作品具有強烈的時代氣息，演出後很快流行開來。它是六〇年代極富舞台生命力的歌舞之一。歌舞的音樂結構呈現出迴旋曲特點，採用宮調式，引子部分用竹笛吹奏，速度從自由轉向漸快，塑造明淨、快樂的意境，而後轉入歌唱部分。

（四）《洗衣歌》

小歌舞《洗衣歌》，創作於一九六二至一九六四年，西藏軍區文工團創演，羅念一、李俊琛詞，羅念一曲，李俊琛編舞。該作品歌、舞、曲三位一體，開始由笛子吹奏自由抒情的引子，而後進入正歌部分，正歌是由女聲表演唱、炊事班長之舞、洗衣舞三個部分組成，最後進入尾聲。歌曲曲調汲取了昌都、巴塘民歌《江作林令》等藏族民間音樂質樸的音調，簡潔明快，充滿了歡樂和激情，同時作者還大膽創新，從民歌中歸納出八個音級、兩個五聲音階的混合調式，現代音樂的色彩濃郁，藏族韻味突現。該作品在一九六四年全軍第三屆文藝匯演中，以獨特的形式、歡快優美的旋律、鮮明的主題和時代特色，榮獲全軍創作一等獎，隨後廣泛流傳於全國各地。

該歌舞是通過解放軍班長和小卓嘎兩個人物來展開情節的。炊事班長助人為樂，幫助戰友洗衣服；以小卓嘎為主的姑娘們主動地為炊事班長洗衣服，一個要洗，一個不讓洗，情節均圍繞著一個「洗」字展開，熱情歌頌了青藏高原上的軍民魚水之情。動作上，該舞蹈以「康諧」弦子舞為素材，同時又大膽地改變原來「果卓」中弓腰含胸的舞蹈動作；洗衣不但用手洗，而且還用腳踩，因而，洗衣勞動的場面就顯得更加活潑，增添了舞蹈氣氛和生活色彩。

（五）《翻身農奴向太陽》

大型史詩音樂舞蹈《翻身農奴向太陽》，創作於一九六五年，是為慶祝西藏自治區正式成立而集體創作的大型音樂舞蹈史詩。主題歌《我們飛躍到社會主義》既是西藏百萬翻身農奴的心聲，又是那個特殊年代的真實寫照。

（六）《夏爾巴的春天》

夏爾巴歌舞《夏爾巴的春天》，西藏自治區歌舞團創演，黃萬黎編導。整個舞蹈創作的手法、素材運用了夏爾巴民間歌舞，同時吸收印度舞和西班牙舞的元素，產生了獨特的藝術效果。這個舞蹈在自治區專業舞蹈比賽中曾獲得一等獎，一九八〇年全國少數民族文藝匯演中獲得舞蹈創作一等獎。

（七）《拉姆央金瑪》

《拉姆央金瑪》表現了藏族傳統歌舞音樂女神的精神內涵，一九八四年西藏自治區歌舞團創演，黃萬黎編導。編導把佛像中各種不同手勢的變化，如彈琵琶、彈六絃琴、拉比旺琴、吹笛子、吹海螺、擊鼓的動作造型和歌舞音樂女神的體態與自然界的多種曲線動態相結合，在吹拉彈擊中提煉出六種女性宗教舞蹈元素，發展為《拉姆央金瑪》的主體動作，並貫串於舞蹈中。同時運用藏戲舞蹈動作和「囊瑪」「堆諧」「果諧」等民間舞蹈動作，按照一定的時間、空間，在有序的組合中，通過大小、高低、動靜等對比手法，反覆渲染「動中有靜，靜中有變」的流動「群雕」。立體地展現了仙女們柔和溫情的古典美和造型美。

（八）大型民族歌舞劇《熱巴情》

大型民族歌舞劇《熱巴情》始創於一九八三年，由西藏自治區歌舞團創作並表演，編劇李承祥，編導巴桑次仁、仁金才珍、黃萬黎等，由藏族第一代作曲家白登朗傑、格桑達傑擔任作曲。它是繼大型音樂舞蹈史詩《翻身農奴向太陽》之後的又一巨作，是西藏文藝工作者集體智慧的結晶。舞劇《熱巴情》的劇情結構為：序幕山路漫漫，第一幕集市風波，第二幕密林情絲，第三幕佛堂魔影，第四幕莊園悲歌。

歌舞劇的音樂以藏族的「弦子」「鍋莊」「堆諧」「囊瑪」「鈴鼓舞」等歌舞音調為素材，並大膽借鑑和運用西方交響音樂寫作手法。樂隊採用了雙管樂

隊編制，並加上了幾件民族樂器，如用二胡的音色模仿熱巴藝人的牛角胡，竹笛在整個樂隊中扮演色彩之變換，用長號、圓號模仿法號、右旋螺的音響效果。《熱巴情》歌舞劇音樂，既大量地繼承了西藏優秀的民族音樂傳統，又大膽地吸收、借鑑了外來的音樂創作手法。

（九）大型主題歌舞《大雁頌》

大型主題歌舞《大雁頌》，西藏自治區歌舞團於一九九五年創演，總編導丹增貢布，編導小次仁頓珠、白芨、亞依、衛東，是西藏自治區成立三十週年大慶獻禮節目。作品通過南來的大雁報送改革開放和現代化建設春訊而使高原雪域「甦醒」，充滿了現代意識與傳統意識的「衝撞」，反映自治區成立三十年來輝煌而方興未艾的篇章。根據劇情，整個音樂富有交響組曲特點，結構為序曲加三個樂章。序曲把宗教音樂、宮廷音樂、藏戲唱腔糅在一起，反映出了雪域高原的文化背景。

從歌舞風格上看，既有藏族傳統的諧欽、甲諧、熱巴、鍋莊、弦子、果諧、牧民舞等的韻律和風采，也有外來的巴蕾舞和現代舞的動作技巧。以宏大的場面氣勢、起伏的嚴謹結構、新穎的藝術語彙和雅緻的品位格調，形象生動地展示了藏族人民在黨的領導下、在全國人民的支援下，團結奮進，譜寫現代化建設新篇章的豪情壯志。

一九九七年，大型主題歌舞《大雁頌》榮獲文化部「文華新劇目獎」和自治區最高藝術創作獎「珠穆朗瑪文學藝術基金獎」。

（十）《藏東賽鼓》

集體歌舞《藏東賽鼓》，是由昌都地區民族歌舞團創演。該歌舞集昌都、芒康、左貢、類烏齊等地宗教鼓舞之精華，具有民間熱巴舞之韻味，使用四種類型的鼓，敲出不同的鼓聲和鼓點，舞出了不同的韻律和氣派。《藏東賽鼓》中，男子背鼓舞的舞姿粗獷健壯，鼓點緩慢莊重；女子鼕鼓舞的舞姿優美典雅，鼓點輕脆靈巧；熱巴手鼓舞的舞姿輕快敏捷，鼓點歡快熱情。

（十一）《回歸頌》

大型專題歌舞音樂會《回歸頌》，創作於一九九七年七月，編導丹增貢布，作曲格桑達吉、格來、邊洛、索馬尼、洛桑三旦等，作詞旺堆。它是西藏自治區人民政府為祝賀香港回歸祖國而獻禮的專題節目。作品將獨唱、藏戲大合唱、舞蹈等諸多藝術形式揉在一起，反映出西藏各族人民對香港回歸祖國的喜悅之情。

（十二）《珞巴人的刀》

珞巴族雙人歌舞《珞巴人的刀》，由西藏自治區歌舞團創演，亞依編導。編導者為節目中的人物設計了一種非常典型的舞蹈形象：男子右手持刀，右腳彎曲抬起，上身向前俯衝，女子在地面抱住男子的左腳。這種形象特徵的舞蹈動作與珞巴族刀耕火種的生活有內在的連繫。該歌舞力求用獨特的、淳樸的動作語言講述一個古老民族關於生命的故事，展現了一個民族奔向未來的精神風貌。

二〇〇〇年十月，在第十屆孔雀獎少數民族舞蹈比賽中，《珞巴人的刀》獲得雙人舞編導一等獎、表演一等獎、作曲三等獎。

（十三）史詩性大型主題歌舞《珠穆朗瑪》

史詩性大型主題歌舞《珠穆朗瑪》，創作於一九九九年，作曲解承強、美朗多吉，總編導巴桑次仁，由西藏自治區歌舞團和北京、四川、廣州、香港等地編導、作曲、編劇、音樂製作人聯合創作，是為西藏民主改革四十週年和新中國建國五十週年獻禮節目。《珠穆朗瑪》以磅 的氣勢，引人入勝的情節，淳樸、大氣的舞蹈，再現了青藏高原這塊年青的高原大陸從古海中驀然升騰，傲首蒼天的歷史巨變，展現了藏族人民在極其惡劣的生存環境中創造出燦爛文明的力量，是一部關於青藏高原的絕唱。該劇於一九九九年榮獲第六屆中國藝術節金獎。

第二章

宗教樂舞

西藏的宗教樂舞藝術，歷史十分悠久，種類
豐富多彩。主要有寺院宗教樂舞「羌姆」
（也稱「跳神」）和民間宗教性樂舞「米那
羌姆」。

第一節　宗教樂舞的發展

八世紀前，西藏宗教樂舞大多是苯教時期以祭神為主的民間擬獸圖騰舞蹈「嘎爾羌姆」。這些民間的宗教性舞蹈被蓮花生大師吸收，從而創建了在桑耶寺奠基和竣工開光慶典儀式上所表演的「多吉嘎羌姆」（金剛神舞），這就是藏傳佛教寺院的宗教樂舞跳神，一直傳演至今。這種宗教樂舞在藏傳佛教各教派寺院和苯教寺院中不盡相同，都有各自獨特的風格。

後來從寺院流傳到民間，世俗民眾也模仿寺院宗教樂舞跳神「羌姆」，形成民間跳神「米那羌姆」。

▲ 「多吉嘎羌姆」（金剛神舞）表演

第二節　宗教樂舞的種類

西藏的樂舞跳神十分發達，特別是寺院宗教樂舞跳神「羌姆」異常繁盛。

一、寺院宗教樂舞跳神「羌姆」種類

（一）苯教雍仲林寺「古多欽莫羌姆」

「古多欽莫羌姆」，是雍仲林寺每年藏曆十二月二十九日舉行的大型宗教活動「古多」中表演的宗教樂舞。雍仲林寺是西藏本土原始宗教苯教的主寺之一，位於後藏日喀則地區南木林縣奴馬鄉玉拉村，人稱「熱拉雍仲林寺」。雍仲林寺每年都要舉行多種宗教活動。

「古多欽莫羌姆」的表演分為兩場進行。第一場表演後要在寺廟左側的一個小山溝裡舉行隆重的「多爾加」（驅鬼）儀式，儀式完畢後，眾人又回到寺廟大院內，進行第二場「羌姆」表演。表演共分七段，是苯教「羌姆」中最有代表性的表演。其特點是有些場次中舞者會手持「斯年」（亦稱「香」，即扁鈴），這是早期苯教巫師使用的一種法器，是「古多欽莫羌姆」獨有的；「卓羌姆」一段，在眾多羌姆中也是獨一無二的，它的動作和表演形式完全和西藏阿里的民間古歌舞「宣」一樣，舞者手拉手邊舞邊按逆時針方向移動，這在藏傳佛教各教派「羌姆」中是沒有的。特別引人注目的是「辛饒古羌姆」一段，這是為紀念苯教祖師辛饒米沃而創作的。

（二）桑耶寺「次久羌姆」

桑耶寺的「次久羌姆」，以十三世紀寧瑪派伏藏大師古如曲旺從山南洛扎縣發掘的經書《喇嘛桑堆》為藍本。「次久」為十日之意。據傳蓮花生大師生於藏曆丙申（陽）年五月十日，演出「次久羌姆」是為了紀念這位佛教大師的

誕辰。

「次久羌姆」共有十一場，重要的有「蓮花生八相」和「師君三尊」等。桑耶寺「羌姆」的主要特點表現在動作上，與山南地區寧瑪派寺院敏珠林寺和多吉扎寺及澤當本命寺相比，敏珠林寺「羌姆」的動作速度很慢，而多吉扎寺及本命寺「羌姆」的動作為中速，桑耶寺「羌姆」的動作非常激烈，這是因為桑耶寺「羌姆」有孜瑪爾等護法神，該神動作激烈奔放。

▶ 桑耶寺的「次
　久羌姆」表演

▶ 「次久羌姆」
　中的「蓮花生
　八相」表演

（三）薩迦寺「普珠羌姆」

薩迦寺「普珠羌姆」，是在每年藏曆七月間舉行的「夏季金剛節」上表演的大型宗教樂舞。薩迦寺第二十二代法王阿羌阿旺貢嘎仁欽按照薩迦教派的道果教授法，把原「金剛橛修供」羌姆改進為本寺的主神「義當多吉」（金剛本尊）的驅魔鎮妖儀軌，稱「普珠羌姆」。

「普珠羌姆」包含上傳《修習菩提》和下傳《驅逐魔障》。上傳《修習菩提》，首先表演「賽西愧寧巴」，由一百五十名舞者圍場地跳三圈，表示平整場地；然後，眾「金剛神」陸續出場，有拿鐵勾的白色夜叉鬼，手執鐵鏈的黃色金剛神，還有手執鐵鏈的紅色持鏈母，手執法鈴的綠色閻羅王（本寺的護法

◀ 薩迦寺的「普珠
羌姆」表演

▶ 「赤羌姆」
（刀舞）表演

神）等，其舞姿優美，舞步活躍。下傳《驅逐魔障》，上午表演「阿羌姆」（鼓
舞），下午表演「赤羌姆」（刀舞）。

（四）扎什倫布寺「斯姆欽木羌姆」

「斯姆欽木」是後藏日喀則地區扎什倫布寺「孜貢扎倉」（僧院）表演的
格魯派羌姆。四世班禪七十八歲時，為本寺護法神「赤巴拉」（六臂明王的隨
從）進行驅魔禳災儀軌，參照桑耶寺歷年的「曲足」宗教節舉行的蓮花生八名
號舞蹈，建立了本寺每年表演的「果朵」（驅鬼羌姆），這就是「斯姆欽木羌姆」
的開始。七世班禪修建「德慶格桑頗章」（新宮）時，在原阿巴扎倉表演的「果
朵羌姆」基礎上，從各地寺院的「羌姆」中吸收和借鑑了不少「羌姆」片段。
八世班禪又加進了五世達賴的「九角鐵堡威鎮三界」的儀軌，把「斯姆欽木羌
姆」擴展為三天的表演。此後，九世班禪對節目和樂器又有所改進。

第一天是「斯姆欽木羌姆」的序幕，首先出場的有「波」和「嫫」（即老
頭和老太），以啞劇方式表演許多令人發笑的滑稽動作和內容。接著，本寺各
種顏色護法神「恰達爾」（飄幡）排列出場，最後是十六段「羌姆」。

第二天，有「曲傑亞勇」（閻羅王的父母及隨從十八人）和「組果松」（本

▲ 扎什倫布寺的「斯姆欽木羌姆」表演

寺護法神「孜瑪熱」及徒從三人）表演。「羌姆」場面宏大，氣勢威武凶猛。

第三天，主要是娛樂性的表演，有「曲珍嘎爾」「六長壽」「野牛舞」「獅子舞」等，最後戴白面具和黑面具的兩個小人物出來摔跤，戴白面具者戰勝戴黑面具者。

（五）托林寺「羌姆」

西藏阿里地區扎達縣托林寺於九至十世紀由噶舉派大師仁青桑布創建。它早期屬寧瑪派，後來皈依噶舉派。主供佛是「堆松桑傑」，主護法神是「貢布」和「白登拉姆」。每年藏曆元月舉行隆重的「姆朗欽姆」，即大法會，元月十八至十九日兩天在托林寺大院，由該寺扎巴們表演大型宗教樂舞「羌姆」。

托林寺「羌姆」有「羌姆唐布」（各種護法神）、「阿雜熱」（遊方僧）、「屍陀林」（骷髏舞）、「夏亞」（鹿和野牛）、「羌姆拔」（戴各種面具的護法神）、「霞納」（黑帽咒師）六段。

（六）智貢提寺「羌姆」

智貢提寺位於墨竹工卡縣。十三世紀後期智貢提寺寺院開始跳「羌姆」，十五世紀，學習、借鑑了古老的本尊神舞，其中有白色的「次仁瑪」護法神與藍色的龍女。

二、民間宗教性樂舞「米那羌姆」種類

西藏民間的宗教性樂舞稱為「米那羌姆」，即俗人跳神。雖然它從寺院羌姆中吸收了不少舞蹈節目和儀式，但基本上反映了民間歌舞和民間祭祀習俗，具有原始質樸性、民間世俗性和藝術娛樂性。

▲ 托林寺「羌姆」中的「屍陀林」（骷髏舞）表演

▲ 智貢提寺「羌姆」表演

（一）拉薩「噶瑪廈羌姆」

「噶瑪廈羌姆」，是拉薩東城區的噶瑪廈護法神殿裡為降神祈禱由俗人表演的一種跳神。

「噶瑪廈羌姆」的表演者是當時社會上一個特殊階層「熱嘉巴」，即地位低賤的河堤守護人。由這些生活極其貧困的特殊階層擔任「羌姆」的表演任務，這也是「噶瑪廈羌姆」有別於其他「羌姆」的一個顯著特點。

「噶瑪廈羌姆」共有七段，尾聲由「邊扎」（僕從神）演員領頭，所有演員都上場，各自跳一段「宗宗」（仙鶴）舞蹈，向觀眾致謝退場。

（二）林芝「米那羌姆」

西藏林芝有一種與寺院完全無關的「米那羌姆」。很早以前，因有村寶西果赤米而風調雨順，五穀豐登。後來此寶被盜，氣候驟變，瘟疫盛行，人畜遭災。丹巴瑪登桑珠為驅邪迎祥引回此寶，首創了「米那羌姆」。他精選了十八名能歌善舞的青年男女做弟子，根據林芝森林地區傳統民間歌舞表演藝術素材創編了「羌博」（裝飾舞）、「達諧」（箭歌舞）、「恰蓋霞卓」（雄鷹舞）等，在十二年中每逢馬年表演一次。

林芝「米那羌姆」的開場「薩加」，意為「壓倒一切邪惡」。眾人手持大刀，圍圈而舞，接著是氣氛熱烈、聲震山河的十八種鼓舞。第一段為「羌博」，身著節日盛裝的五十餘人，男前女後兩排站著，由一長老手執彩箭領舞，幾段慢板群舞后，領舞者以說唱介紹「米那羌姆」；第二段為「波梗」，有男子對跳、七鼓點駿馬對跳、蛇卷隊形、九鼓點蹦跳等十小節；第三段為「嫫梗」，有女子對跳、七鼓點跳跪、普曲寺羌姆、五鼓點駿馬對跳、建房舞、扎西歌唱等九小節；第四段，羌博和羌姆全體演員圍圈歌舞，互獻哈達，互敬茶酒，通宵歌舞，狂歡達旦。

（三）洛扎縣拉康鄉民間跳神

西藏還有一種「米那羌姆」，是寺院「羌姆」傳入民間後由世俗民眾表演。在地處喜瑪拉雅山脊的洛扎縣拉康鄉，每年藏曆一月十五日開始的傳統集會期間，都會舉行跳神表演。據傳，約六百多年前，創建者德登喇嘛尼瑪增在卡曲山上的山洞裡修行時，發現了一座噶舉派銅塔和一個大銅鐘。於是，他決定把這些珍寶帶下山，贈送給有名的浪母拉康（佛殿）。當他將兩件寶物運下卡曲山，在一個空地休息時，突然產生了一種幻覺：在他前面的空地上出現了六個男童跳神的情景。他由此創編「吉羌」，教給了村裡「多新」家的六個男孩，從此流傳下來。

該舞共有十八個人物，即四個牛頭人，四個鹿頭人，兩個怪鳥頭人，兩個

▲ 山南地區乃東民間跳神表演

古代男子，一名媳婦，兩個白神，一個黑妖，一對老兩口。該舞有八個段落。

（四）「梗羌姆」

「梗」是指藏傳佛教寧瑪派神的僕從或使者，它的出現代表歡慶、吉祥和幸福。「梗」又分「波梗」（男子）和「嫫梗」（女子）兩種羌姆。「波梗」有八段，「嫫梗」有四段。

後藏謝通門縣通門鄉、林芝地區錯高村、工布江達縣錯宗寺等地都有「梗羌姆」。

（五）丁青瑪日倉「格薩爾羌姆」

西藏昌都地區西北丁青一帶，過去屬於游牧民族自發結成的三十九族地

▲ 「梗羌姆」表演

區。原丁青尺多瑪日家族的「百江」頭人旺青尼瑪，是瑪日倉的大公子，大約在二十四歲時，由他主持修了一座格薩爾神殿，並寫出《格薩爾王傳》三十函，並創作了大型的格薩爾樂舞。開始時僅侷限於修行儀軌時跳，後來逐漸在民間流傳開來。

它以史詩《格薩爾王傳》的情節為主要線索，以詩的語言、美的動作讚頌了格薩爾王抑強扶弱、為民除害的高尚品德和嶺國三十位大將為王國捐軀的崇高思想以及美麗善良的珠牡妃子，表達了人們渴望幸福美滿生活的願望。整個樂舞由淨地開場，分驅邪壓鬼、戰神勇士舞、讚頌珠牡妃子、長壽舞、祈福舞、祈求神靈招財引福、箭舞、祭祀舞七場。

第三章

戲曲藝術

西藏的戲曲藝術，主要有藏族的藏戲和門巴族的門巴戲。藏戲歷史十分悠久。

第一節　藏族戲曲

西藏傳統民族戲曲的主體是藏戲，它在白面具藏戲基礎上發展出更加成熟的藍面具藏戲，白藍面具兩種藏戲又傳播到西藏各地，進而產生昌都藏戲和與藏戲有著十分緊密關係的門巴族戲曲門巴戲。藏戲影響深遠，遠及青海省、甘肅省和四川省藏區，形成不同藏戲劇種和流派，這些不同劇種和流派反過來又傳播到西藏境內。

一、藏戲的發展

（一）藏戲的起源

藏戲的起源可以追溯到藏族發祥時期。藏戲產生的第一個源頭是藏族的民間歌舞。如綜合性程度較高的古老歌舞熱巴，除舞蹈外，還有比較多的歌唱、「喀諧」（連珠韻詞誦語）、讚歌，特別是類似戲劇的雜曲短劇。

藏戲產生的第二個源頭是西藏民間自古以來就十分興盛的說唱藝術。早在西藏的苯教時期，就有被稱作「仲」的口頭神話、歷史傳說故事說唱；在敦煌遺書中，吐蕃時期許多傳記故事，大都是以敘事為散文、而獨白和對話為韻文的散韻結合的說唱性文體。到十一至十三世紀產生的民間英雄史詩《格薩爾王傳》，其說唱性文體受佛教講唱文學的影響而有所發展，除獨白與對話是適宜歌唱的韻文外，部分故事情節的敘述也改為可歌唱的韻文。西藏還有故事說唱「仲魯」、祝願說唱「折嘎」、「喇嘛瑪尼」等說唱藝人。

藏戲產生的第三個源頭，是歷史悠久而且豐富多彩的宗教儀式和宗教藝術。洛扎縣拉康鄉、嘎覺鄉和扎什倫布寺「什莫欽波」的跳神舞蹈中，都有穿插於節目之間的巴吾、巴嫫角色，他們本來是天界勇士，戴著長眉闊耳且飾有耳環的面具，但表演的卻是世俗民眾的各種生活短劇，並作插科打諢的滑稽表演。

（二）藏戲的形成

藏戲的初步形成歷來有多種說法。按照民間傳說，白面具藏戲是唐東傑布創建的。其實，早在八世紀時，藏族民間歌舞百戲，包括各種宗教藝術表演都已發展到一個高峰時期，這就為藏族高度綜合的戲曲藝術的產生創造了條件。在桑耶寺壁畫上，有一些人物和生活情節的表演下邊用藏文注有「短嘎爾」字樣，意為歌舞戲劇。在反映桑耶寺開光慶典畫面的壁畫中就有白面具藏戲表演的場面。

（三）藏戲的成熟

關於西藏戲曲的發展成熟，藏學界和藏戲界多數學者認為，十四至十五世紀，藏傳佛教噶舉派高僧唐東傑布發展創製了藍面具藏戲，從而使西藏戲曲趨

▲ 桑耶寺壁畫中白面具藏戲表演部分

於成熟。

據《唐東傑布傳》和民間傳說，諳熟五明、喜好雲游天下的僧人唐東傑布在西藏的大河大江上修建了不少鐵索橋。他為修橋募集而組織當時建橋者中能歌善舞的七姐妹（一說七兄妹）編排節目，在衛藏地區進行募捐演出。其間，白面具藏戲漸漸產生了。後來在後藏謝通門縣修建扎西孜鐵橋時，唐東傑布仍用演節目的辦法搞募捐。他在晚年時，回到他的主寺昂仁縣日烏齊寺，創建了藍面具藏戲，不僅把面具裝飾得豐富多彩，而且把「溫巴」

▲ 藏戲創始人唐東傑布像

「甲魯」「拉姆」三個（人物）節目連接融合起來，就形成了一直保留至今的藍面具藏戲開場儀式，並且開始編演佛經故事。

清代噶丹頗章地方政權時期，由於五世達賴喇嘛對藏戲的重視和支持，白藍兩種藏戲進一步發展，產生不同的流派，形成了各地有名藏戲班集中到拉薩進行「哲蚌雪頓」演出觀摩的慣例。

藏戲從藏族文化發源中心衛藏地區孕育、萌生、形成、發展，逐漸流傳到西藏各地，如普蘭、亞東、錯納、察雅等；還傳播到青、甘、川、滇四省的藏區以及鄰近的印度、不丹、尼泊爾等國。藏戲在各地長期的流傳發展中繁衍，滋生出了多種藏族戲曲劇種，並對其他兄弟民族劇種的形成發展產生了很大影響，如德格藏戲、昌都藏戲和門巴族戲曲劇種門巴戲。

二、藏戲劇種

藏戲劇種主要有白面具藏戲、藍面具藏戲、昌都藏戲和外地傳入的德格藏戲。它們各自有不同的發展歷史和藝術特色。

（一）白面具藏戲

1、白面具藏戲劇種的形成

白面具藏戲，藏語稱「拉姆」或「拔嘎布」，是仙女大姐、仙女或白面具戲的意思。八世紀，它已初具雛形，在桑耶寺早期壁畫中，就有白面具藏戲開場儀式「阿若娃」和「甲魯」「拉姆」一塊兒表演的場面。

十五世紀時，唐東傑布在主持營建幾十座鐵索橋的過程中，經過長時間的募捐演出和編創排練，豐富發展了「阿吉拉姆」這樣一種戲曲演出形式。表演「阿吉拉姆」時戴著白山羊皮面具，以說誦、吟唱、歌舞、雜技等手段表現故事。十七世紀，白面具藏戲受到五世達賴的扶持，得到進一步發展，逐漸形成以唱為主，唱、誦、舞、表、白、技等各有一套初步程式，同時與生活化表演、民間歌舞及雜技表演融為一體的完整的戲曲藝術形式，後來發展出「扎西雪巴」「賓頓巴」「尼木巴」三種藝術流派。

2、白面具藏戲劇種的藝術特色

白面具藏戲最為古老，至今還在民間傳演，保留了最為原始、質樸、稚拙的藝術特色。它的表演手法比較古樸粗獷，與古代「勒諧」（勞動歌舞）、慶典大歌「諧欽」和山南「果諧」等歌舞相結合，唱腔曲長詞短，唱詞單句為多，用小鼓小鈸伴奏，鼓鈸點節奏歡快，舞蹈動作多變，唱腔和說誦中間時而穿插有模仿動物的嘶鳴聲。它所演的正戲只有《諾桑法王》一個劇目，一般也只演前半本，很少演全本戲。除在雪頓節正式演出外，一般也只演出「諧潑」，即開場儀式戲「阿若娃」。

（二）藍面具藏戲

1、藍面具藏戲劇種的形成

藍面具藏戲，藏語稱「阿吉拉姆」，或稱「拔溫布」，意為仙女大姐，即藍面具戲。它是在白面具藏戲基礎上發展起來的。十五世紀晚期，著名藏傳佛教雲游高僧唐東傑布，把白面具藏戲帶回到自己的家鄉主廟迥·日烏齊寺，創建了迥·日烏齊巴戲班，將白山羊皮面具加以裝飾改為藍面具，在白面具藏戲表演的基礎上，結合本地各種歌舞和古老瑜伽功術、雜技等編演了佛經故事《智美更登》，藍面具藏戲逐漸形成。

藍面具藏戲在後來的發展中，不僅發展出了成套的唱腔、表演身段和程式動作，還形成了「迥巴」「江嘎爾」「香巴」和「覺木隆」四大流派，而且積

▲ 藍面具藏戲《蘇吉尼瑪》表演

累了一批傳統劇目，至今尚能經常上演的有「八大藏戲」。

2、藍面具藏戲劇種的藝術特色

藍面具藏戲劇種使用衛藏方言，具有婉轉柔和、豐富細膩的語音聲調特點。它有開場、正戲和吉祥收尾儀式三段不可分割的演出格式，以唱、舞、韻、表、白、技等程式化表演為主，穿插民間歌舞、百技雜藝等，形成儀式劇、宗教劇、面具戲和廣場戲相結合的獨特形態，表演形式具有古老神奇、豐富多樣的韻致風采。

藍面具藏戲保留了藏族民間說唱史詩故事的特點，由一個劇情講解人一段段誦唸劇情，介紹演員出來表演，演員的伴唱伴舞貫穿全劇始終。它在內容上，一方面具有濃厚的宗教色彩，另一方面對西藏人民的世俗生活和社會歷史等內容，尤其對藏族社會歷史生活形態以及豐富的藏族古文化有獨到的反映。

（三）昌都藏戲

1、昌都藏戲劇種的形成

昌都藏戲，亦稱昌都「朗達羌」「阿西拉姆」。四世西娃拉帕巴‧格列江參親自改編衛藏傳統藏戲劇本，並組織該寺負責宗教樂隊、跳神、繪塑酥油花的喇嘛，進行了編演藏戲的嘗試，後又經十世帕巴拉的倡導和組織，逐漸發展形成昌都寺院藏戲。昌都藏戲傳統劇目有從衛藏藏戲傳統劇目中改編的《智美更登》《白瑪文巴》《卓娃桑姆》《頓月頓珠》《文成公主》等，又有自己創作的劇目《拉萊沛瓊》《索朗多王子》《釋迦十二行傳》《赤松德贊》等。

2、昌都藏戲劇種的藝術特色

昌都藏戲運用的語言是康巴藏語方言區中昌都次方言，語音聲調特點是陽剛豪放、生動活潑。正戲開始時，先由一位白鬍子、白眉毛的老頭（常斯）講解劇情；多數角色表演不戴面具，以鍋莊舞蹈動作為主，吸收其他舞蹈和跳神

的表演姿勢，形成了昌都藏戲固有程式和有固定名稱的表演動作；唱腔以鍋莊音樂為基礎，並吸收昌都的山歌、牧歌、情歌，沒有幫腔伴唱；伴奏樂編製基本同寺院樂隊；一部分鼓鈸點子和武打動作，戲衣、道具、旗幟和演出用裝飾品，均借鑑川劇和秦腔。

（四）德格藏戲

　　德格藏戲，亦名德格「朗達羌」。流行於昌都地區江達縣和四川省甘孜藏族自治州德格縣。十七世紀下半葉，更慶寺喇嘛奉第七代德格土司拉青向巴彭措之命，根據聖地大師巴俄編寫的《佛本生記》編演劇目《哈熱巴》，即獅王的故事，此後還編演了《六長壽》等。竹箐寺僧人根據夢中格薩爾大王讓其組織喇嘛表演史詩《格薩爾王傳》創建了「格薩爾羌姆」，並從更慶寺戲班吸收了唱腔和表演上的各種手段，使格薩爾藏戲發展得更加完備。後來，德格藏戲傳到龔亞和呷倫二寺；更慶寺的一些回鄉喇嘛，也把德格藏戲傳到金沙江西岸的窘達（今西藏江達縣），在崗托組織起藏戲班。

　　德格藏戲所演劇目，有改編自佛本生故事的《諾桑法王》，自己創作劇目有《獅王哈熱巴》和歌舞儀式性小戲《六長壽》等。

三、藏戲流派

　　在長期的歷史發展中，民間藏戲團體，特別是經常參加雪頓節演出的戲班中的演員在老戲師的教授下，付出畢生的智慧和精力從事藝術創造，使藏戲逐漸豐富，形成了一些不同的藝術風格和流派。

（一）白面具藏戲流派

　　白面具藏戲雖然有六個戲班參加雪頓節，但是真正形成自己獨特風格的只有「賓頓巴」「扎西雪巴」「尼木巴」三個流派。

1、「賓頓巴」

（1）「賓頓巴」流派的形成

「賓頓巴」在藏語中是「七兄妹」或「七姐妹」的意思，與唐東傑布募集造橋的傳說有關。「賓頓巴」是藏戲最早的一個戲班，「賓頓巴」流派因「賓頓巴」戲班而得名。它保留著最為古老的表演藝術風貌，「阿若娃」（藍面具藏戲稱為「溫巴」）所戴的面具都是山羊皮做的，顏色是白色的，保持山羊皮原色。其面具眼角向上，即下眼皮蓋住上眼皮，傳說五世達賴的眼睛就是這樣的，為紀念他對該戲班的支持，模仿其眼形製成。演出劇目只有《諾桑法王》其中的片斷。前藏各地的民間戲班對「賓頓巴」的演出形式和風格也有所學習和借鑑。

（2）「賓頓巴」流派的藝術特色

「賓頓巴」藏戲保留了最為古老、質樸、粗獷的藝術特色。它的開場角色叫「阿若娃」，意為戴白鬍子面具的表演者。「阿若娃」的帽子是藏族早期「阿卓」鼓舞表演者所戴的「擴爾加」圈帽，保留了「甲魯」「拉姆」的服裝頭飾及舞蹈動作，仍保持桑耶寺壁畫上白面具藏戲最粗獷質樸的審美特點。

▲ 「賓頓巴」藏戲《諾桑法王》表演

2、「扎西雪巴」

（1）「扎西雪巴」流派的形成

「扎西雪巴」是白面具藏戲中影響最大、藝術上發展較為成熟的戲班。「扎西雪巴」流派因「扎西雪巴」戲班得名。其唱腔與西藏古老民歌

▲ 「扎西雪巴」面具

「諧欽」極為相似。其中的藏族特殊裝飾音技巧「震谷」已經受到藍面具藏戲的影響，表演技巧上融入了藍面具藏戲的特點。它可演《諾桑法王》全本。其藝術風格逐漸流傳到西藏各地，對四川省康區的康巴藏戲也有影響。

（2）「扎西雪巴」流派的藝術特色

「扎西雪巴」流派受藍面具藏戲影響更大，如把白山羊皮面具進行加工裝飾，由原色山羊皮白面具發展為黃面具，而且臉部有了許多美化裝飾；唱腔的特殊顫音技巧「震谷」有所改變，舞蹈動作更加規範。

3、「尼木巴」

（1）「尼木巴」流派的形成

「尼木巴」流派因「尼木巴」戲班而得名。尼木縣地處前後藏之間。在前藏，白面具藏戲比較流行；在後藏，藍面具藏戲比較流行。尼木・塔榮巴和吞

巴‧倫珠崗兩個相鄰的戲班，原屬白面具藏戲，二十世紀五〇年代中期改演藍面具藏戲，劇目也由《諾桑法王》而擴大到《智美更登》《朗薩雯蚌》《卓娃桑姆》《蘇吉尼瑪》等。在雪頓節演出時，規定仍然只演白面具藏戲，這就使它形成了兼具白、藍兩種面具藏戲的表演風格。

（2）「尼木巴」流派的藝術特色

「尼木巴」藏戲流派，融匯了白、藍兩種面具藏戲之長處，既古老質樸又豐富多彩。

（二）藍面具藏戲流派

藍面具藏戲，從十五世紀到十九世紀漸次形成了「迥巴」藏戲、「江嘎爾」藏戲、「香巴」藏戲、「覺木隆」藏戲四大流派。

1、「迥巴」

（1）「迥巴」流派的形成

「迥巴」藏戲是藍面具藏戲中產生最早的戲班，其所在地是藏戲祖師唐東傑布的家鄉昂仁縣。「迥巴」流派因「迥巴」戲班而得名。據說，開始時他們每年只去日喀則給班禪演出，後來，十三世達賴喇嘛的一個親信侍從喜歡「迥巴」戲班而將其介紹給拉薩觀眾，他們上演的《頓月頓珠》在拉薩受到好評，也得到西藏地方政府藏戲管理部門的獎勵。此後，「迥巴」以《頓月頓珠》參加每年的雪頓節演出。他們在拉孜、定日、昂仁到阿里一帶影響較大。

（2）「迥巴」流派的藝術特色

「迥巴」藏戲流派保持了藍面具藏戲藝術特色：有著面對大江大河奔騰的浪濤聲進行練聲的古老習慣，從而形成的唱腔異常高亢宏亮；吸收了後藏地區的酒歌和六弦彈唱等「堆諧」歌舞；「甲魯」的帽子也是特殊的，名為「甲魯阿昆」，是一種古代的白色氈帽。「迥巴」藏戲形成了最為古老的聲腔，並借鑑了雅魯藏布江上游傳統表演藝術特色。

▲ 「迥巴」藏戲《頓月頓珠》表演

2、「江嘎爾」

（1）「江嘎爾」藏戲流派的形成

相傳，「江嘎爾」藏戲班創建於八世達賴時期，屬於江嘎群宗寺。寺廟規定，十戶喇嘛每戶出二人支藏戲差，父傳子，子傳孫，演員都是藏戲世家。「江嘎爾」流派因「江嘎爾」戲班而得名。較早的戲師有白瑪丹珍，後來的戲師有嘎瑪曲傑、那加和唐曲。特別是那加，嗓子好，音量大，音域寬。據說，他演唱時可震動掛在房柱上的唐卡，與「覺木隆」藏戲班著名演員米瑪強村齊名。他們在雪頓節演出的劇目有《諾桑法王》《朗薩雯蚌》《文成公主》。平時也演出《熱瓊娃》和《獵人貢布多吉》。「江嘎爾」藏戲在日喀則、江孜、仁布和白朗等地區較為流行。

（2）「江嘎爾」流派的藝術特色

「江嘎爾」藏戲多由寺院僧人表演，故被稱為「喇嘛藏戲」。「江嘎爾」藏

▲ 「江嘎爾」藏戲《朗薩雯蚌》表演

戲的影響僅次於「覺木隆」，注重唱腔，類似漢族戲曲中的文戲，很受廣大群眾的歡迎，以雄渾、醇厚、蒼勁的「色飲」喇嘛藏戲唱腔著稱，它十分高亢渾厚，古樸粗獷。「雄諧」（劇情講解人）的「連珠韻白」和唱腔中間穿插的舞蹈節奏都比較悠沉緩慢。「江嘎爾」也吸收了民間說唱藝術「折嘎」。總之，唱功精細老到，表演簡樸穩重，具有「喇嘛藏戲」獨特的審美特色。

3、「香巴」

（1）「香巴」流派的形成

「香巴」藏戲也稱「常‧扎西直巴」。五世達賴時期有個貴族叫扎西直巴，後來當過噶倫。他命令家鄉日喀則地區南木林縣「多吉‧常」村民學習「江嘎爾」藏戲，為此組織了一個藏戲班，因此噶廈中負責藏戲管理的「孜恰列空」將其登記為「常‧扎西直巴」。「香巴」流派因「香巴」戲班而得名。八世、

▲ 「香巴」藏戲《文成公主》表演

九世班禪對「香巴」藏戲較為重視，因而「香巴」藏戲逐漸壯大，自成一派。主要流行於南木林縣的多吉、卡則、瓊、山巴、空瑪等地。他們規定以《文成公主》和《智美更登》輪換去拉薩雪頓節演出。

（2）「香巴」流派的藝術特色

「香巴」藏戲流派，在南木林縣香河兩岸民間藝術和香巴噶舉宗教藝術的基礎上，吸收「迥巴」「江嘎爾」和「覺木隆」藏戲藝術之優點，形成自己的獨有風格。以演出傳統藏戲《文成公主》為世人所稱道。

4、「覺木隆」

（1）「覺木隆」流派的形成

「覺木隆」藏戲產生最晚，但在所有藏戲流派中，「覺木隆」藏戲影響最大，流傳也最廣。它是原西藏地方政府唯一帶有官營性質的戲班，歸西藏地方

▲ 著戲裝的藏戲演員阿瑪拉巴

政府「孜恰列空」和貢德林寺共同管理，但無薪俸。除參加雪頓節獻演可得賞銀和食物外，其他時候依靠到西藏各地演出維持。這個戲班最初住在堆龍德慶縣覺木隆村，後長期住在拉薩市區。經過班主、戲師和演員的共同經營、傳承和創新發展，形成聞名遐邇的「覺木隆」流派。「江嘎爾」戲班演出《朗薩雯蚌》和《文成公主》時，許多唱腔就直接借鑑了「覺木隆」流派，其他民間藏戲班也有這種情況。拉薩、山南地區的眾多藏戲班，多數屬於「覺木隆」流派，日喀則地區的亞東、阿里地區的普蘭、昌都地區的察雅等邊遠地方，也有屬於「覺木隆」流派的藏戲班。

（2）「覺木隆」流派的藝術特色

「覺木隆」藏戲班班主唐桑培養了許多藏戲女演員，開創了藏戲男女演員分別扮演男女角色的格局。戲師米瑪強村對藏戲進行了大膽改革，在唱腔方面形成了獨具米瑪強村風格的聲腔傳統。扎西頓珠也新創或改造了藏戲唱腔，增加了民歌和來自漢地的龍舞、獅子舞、孔雀舞、大鵬舞、壽星舞等，培養了多名演員，有喜劇表演演員倫登波、被稱為「唱藏戲的真正皇后」阿瑪次仁、把藏戲特技「躺身蹦子」帶到莫斯科世界青年聯歡節上的次仁更巴、開創了一套女角舞蹈技巧動作的阿瑪拉巴和鼓師降村等。經過扎西頓珠和眾多藝人的共同努力，「覺木隆」在世俗戲劇表演上創新頗多，有三個常演劇目《卓娃桑姆》《蘇吉尼瑪》《白瑪文巴》，膾炙人口。在藝術上，「覺木隆」藏戲具有自由靈活、歡快熱鬧的特色。

四、傳統民間廣場藏戲

（一）通俗性

　　藏戲植根於民間，興盛於民間，本質上屬於一種建立在現實世俗生活基礎上的民間藝術，屬於通俗藝術，劇本基本上都是粗通文墨的藝人自己編寫的，後來也有了專職編劇。很多劇目的敘事方式都是平鋪直敘，與故事有關的情節、人物、場面，都會一一交代介紹，有時還會不厭其煩地重複交代，反覆提醒觀眾。

　　藏戲作為廣場演出藝術，具有樸素的審美特徵，首先是自然平淡，追求的是任情率性的審美理想和自然平淡的審美趣味，是「體素儲潔，乘月返真」，經過提煉加工而達到的返璞歸真的審美效果。其次是洗練潔淨，意味著所表現的自然物象或人情本性，不是菁蕪不分的機械模仿和膚淺傳達，而是經過提煉、清洗和打磨，使藝術達到純粹和精緻，表現出本色和本性。這種樸素之美，猶如繪畫沒有過多的裝飾雕繪，表面質實乃至於枯瘦，但瘦而實腴，質而

▲ 「以虛擬實」的騎馬錶演

實麗，追求的是外枯中膏，似素而實美。這種樸素之美，就是用最簡潔的形式、最明了的動作、最曉暢的形象傳達最豐富、最強烈、最清晰的審美意蘊。

（二）「化實為虛」和「以虛擬實」

藏戲演員的虛擬表演，與廣場觀眾的審美參與和審美接受是緊密地連繫在一起的，二者互為依存。在廣場演出、交流互動的具體語境中，戲曲的「以虛擬實」主要是作用於觀眾意覺的虛擬，演述者以道具象徵實境，通過唱、白、舞、念暗示或者解釋象徵的意義，讓觀眾在理解體悟中產生審美認同。

藏戲演述者以「化實為虛」「以虛擬實」的演述風格進行連「場」戲的演出，場景「帶」在演員身上，這種虛擬的表演不僅僅激發觀眾的創造性想像、聯想，共同參與才能完成特定的劇情演出，而且還通過「演述干預」引導觀眾的接受視界，使其與劇作家的創作視界保持一致。因而，藏戲觀眾是積極的「參與者」，他們對舞蹈表演既產生共鳴，又進行理性思考。

（三）民間性

藏戲具有「樂天憫人」的情懷和格調，這也成為它的民間文化智慧的核心體現。樂天的色彩、娛人的情調，與悲憫的情懷、憂患的意識，在藏戲中不是相互排斥、各自分離，而是相輔相成、緊密地結合在一起的。它得之於人們的現實感悟和審美娛樂的需要，充滿著一種娛樂的精神與體驗的情懷；並且在與審美大眾的交流中通過大眾所喜聞樂見、充滿活力的藝術形式的創造，始終保持這一種民間的樂觀向上的精神和情調。

雖然藏戲中佛教文化因素和色彩十分濃厚，但它始終以本土民間文化為本位，它既有廣泛的民間文化的基礎，又顯示出深厚的現實關懷，既出於一種典型的世俗的智慧，又引導著人們進入一種超然的境界。這種「超然」既是指向某種神祕的宗教境界，又與人們的現實感性價值的實現直接有關。所以，藏戲所代表的這種詩性智慧也就不僅僅是超然的、玄妙的、指向彼岸世界的，而是

也指向現實人生的寄託和享樂，指向大眾感性的期盼和沉醉。

　　雖然民間的智慧從一開始並非那麼精緻，但是往往帶有種種詩性智慧的靈活與變通，並在此基礎上獲得詩意的提升。藏戲以世俗的民間的大眾的文化為根基，既深受原始巫教和苯教文化的浸染，又明顯表現出對於藏傳佛教終極關懷境界的追求。藏戲離不開其民間的文化母體，即使後來有所宮廷化、文人化，也往往浸染著厚重的民間文化的特色。

（四）「古典」精神品格和民間「原型」意象

　　藏戲體現了一種「古典」的精神血脈，一種讓觀眾從審美娛樂中獲得的自由自適的歸依感。藏戲以其深厚的文化積累，表現出鮮明的古典色調和風采及其獨特的古典神韻，形成了一整套審美體驗的形式，一種結構表意化、造型程式化和意象情境化的藝術譜式，不僅給予人們一種感官的享樂，更給人以豐富的內在的體驗與況味，使人在具體的體驗中獲取人生的意義，獲得一種文化上的「原型」家園感。

　　藏戲是西藏本土宗教巫苯文化與外來佛教文化的結合，在現實人世的快樂中求得感性的超越，在此生的有限中去體驗來世的無限。這種極端重視感性心理和自然生命的人生觀念和生活信仰，是一種知與行的統一、靈與肉融合的審美境界，是天人合一的表現，是以身心與宇宙自然合一為依歸的人生追求。

　　藏戲的「樂天憫人」，使得其觀眾在審美上始終保持一種積極樂觀的、入世的精神，對於來世的超現實之境又充滿期待，給人以種種現實的和超現實的心靈補償和精神慰藉。西藏春、冬農閒時節，許多廟會和節日，特別是雪頓節，往往要持續數日乃至數十日，廣大藏人便借「娛神」之名，趁機「自娛」。日常很少有娛樂活動的農牧民們通過演戲、看戲來實現「節日狂歡」。一般藏戲在廣場上劃地為場，隨處演出。廣場戲演出中，一面是主賓席，其他三面是普通觀眾，演員可以隨意為四面八方的觀眾表演。演員扮演角色在逗樂歡笑，觀眾也隨之開懷大笑，演員與觀眾同時處於狂歡狀態。

（五）藏戲表演追求形式美、抒情美

藏戲虛擬的舞蹈化、程式化的動作和表演，是戲曲特有的表現手段。一個動作過程就是一段舞蹈。一段故事，就是若干舞蹈段落的組合，連角色感情的表現也帶有「眉飛色舞」的舞蹈意味，用優美、抒情的舞蹈表意傳情，演繹故事，形成藏戲表演追求形式美、抒情美而具超逸性的審美形態特點。

多少年來，藏戲的演出形成了一種藏族人民所喜愛的規律格式，這種規律格式與寺院壁畫和流行於民間中的喇嘛瑪尼故事唐卡中的畫面布局規律是相一致的。如同唐卡中有整個畫面構圖的完整性，又有故事情節場面的分解性和連續性，藏戲演出中人物關係有相互依存的整體性，又有情節人物的個體性和戲劇情節的分解性與獨立性。實際上，藏戲有內地戲曲「摺子戲」那種追求形式美、抒情美的審美形態特點。

▲ 沉醉於藏戲表演的觀眾

（六）藏戲的「表演意象」和觀眾的「適度體驗」

藏戲表演意象，不僅僅是一種靜態的情景物象，也並非只是一種生動的人物形象，而是在藏戲獨特藝術形態中所呈現出來的意趣之象、事態之象。藏戲意象的創造不僅僅是純粹的抒情寫意，或簡單的象徵或隱喻，而是通過各種社會人生故事的演述，在與觀眾的接受交流中，呈現出一種具有獨特的時空品格與藝術旨趣的審美意象。

這種表演意象又與觀眾在審美過程中的「適度體驗」相連繫。藏戲觀眾既有著深入劇情的沉醉，又有著游離劇情的冷靜，既能夠入乎其中，體味反芻，又可以出乎其外，褒貶品評。藏戲的觀眾有相對「靜觀」的境界，保持著與演出之間的適度的距離，往往是邊看戲邊做其他事情，如飲食、娛樂、與人談話等，哪個地方特別精彩，他們就停下來專門看戲，甚至神遊其中，為之擊節喝采，從而獲得一種酣暢淋漓的享受。

（七）寫意化和寫實化表演相統一

韻律化的連珠唸誦，類型化的唱腔，部分虛擬和部分實物道具相結合的表演，程式化的藏族舞蹈等等，都屬於向寫意風格發展的。口語化的道白、丑角生活化的表演，與程式化動作相結合直接模仿生活的動作，屬於寫實風格。

▲ 開場戲中的「溫巴」與「甲魯」表演

▲ 藏戲開場儀式「溫巴頓」表演

▲ 藏戲舞蹈表演

如，開場戲中「溫巴」與「甲魯」站著逗笑對話，完全是話劇式的寫實表演。

　　傳統藏戲開場儀式戲「溫巴頓」，在開場時七個「溫巴」戴著藍面具，以演唱和歌舞進行開場表演；接著由二位「甲魯」帶著七位「拉姆」上場，先由「甲魯」一一進行演唱和歌舞表演，然後由「拉姆」一一進行演唱和歌舞表演。

　　藏戲中有敘述者（即唸誦劇情者）和表演者，但沒有評論者，表演中穿插有部分話劇式的表達方式。如傳統藏戲《頓月頓珠》中弟弟乾渴昏死後，哥哥只能抱著弟弟痛哭不已，這時鼓鈸聲停止了，場上扮演頓珠的演員完全以生活化寫實的表演入戲入心地淚流滿面，特別能打動場外觀眾的悲憫之情、惻隱之心，他們屏息凝神地觀看著，引起的審美體驗是銘心刻骨的。聽到觀眾的一片唏噓之聲，演員的表演更加投入，形成演員與觀眾相互交流的最佳審美體驗氛圍。

（八）歌舞性、說唱性和戲劇性相統一

1、歌舞性

藏戲載歌載舞的特點突出強烈。各個劇目中，一些特殊類型的角色都有一套固定格式的舞蹈。在演出中，有時只有一個人物出來演唱，唱詞往往有幾十句，而一個唱腔只唱兩句，唱完一個唱腔，就要穿插一段全場演員的圓圈舞蹈，有固定格式，舞姿十分流暢明快、粗獷矯健，尤多左、右旋轉動作。

這些都反映了藏文古籍中所闡述的歌舞表演「上身動作像雄獅，腰間動作要妖嬈；四肢關節要靈活，肌腱動作要鬆弛；全身姿態要柔軟，表演情感要傲慢；舉止要像流水緩步，膝窩曲節要顫動」。女性「全身姿態要柔軟，體態輕捷如身上無骨，舞姿柔軟如腰裡無骨，從背後看好像沒有臀部，從前面看好像無腹肚」等。

▲ 全場演員轉圓圈的藏戲舞蹈表演

2、全場演員伴唱伴舞的和諧圓融

藏戲受漢地文化以及佛教崇圓文化的影響，扮演角色的演員完成一個唱腔就要穿插一段全場演員的圓圈舞蹈，即其他演員要為他伴舞，圍繞著他轉圓圈舞蹈，形成一種全劇從始至終轉圓圈的演出形態。

3、歌舞性與說唱性、戲劇性相統一

藏戲的歌舞性和戲劇性，都是通過說唱性組織起來的。如藏戲《朗薩雯蚌》，通過劇情講述人連珠唸誦的說唱介紹，農家女朗薩出場，表演自己的賢惠能幹，以及父母對她的關愛，然後又通過說唱介紹，表達被頭人老爺看中，並被逼婚的戲劇性場景，當中穿插了宗教舞蹈「怖畏金剛」跳神、孔雀舞、壽星舞和許多其他的民間歌舞等。

（九）集中簡約和靈活豐富相統一

1、集中演繹與簡約省略

藏戲演出中，在必要處、關鍵處和精彩處，集中運用演員的唱、韻、白、表等專業技能，使其得到淋漓盡致的展現；在說明性、過場性和交代性的地方就盡量簡約化，點到為止，就以說「雄」唸誦的辦法一帶而過，乾脆不作表演。如《卓娃桑姆》一劇，魔妃哈江戴著十分誇張變形的青面獠牙面具，而女傭惡奴斯莫朗果則用鍋灰作寫實的近乎自然主義的妝容，二人交替站到小平桌上（表示站於樓頂高處），用瞭望器尋找卓娃桑姆一雙兒女。這一段表演就是一種集中演繹。

2、自由靈活與豐富多樣

藏戲還有著靈活自由、豐富多樣的巨大的表演能力。藏戲的情節結構與時空模式主要以點線結合為基礎。在排練時，戲師實際上既是編劇、導演，又是演員（一般扮演開場戲中的「甲魯」或「溫巴」），同時還擔任全劇的講解人。

▲ 《卓娃桑姆》中，魔妃主僕「樓頂觀望」情節表演。

根據他的經驗、激情和創造才華，以及觀眾的反應，有的情節放到講解裡，或乾脆忽略；有的情節需要突出展現的，就從講解裡抽出來著重排練表演。不符合他對這個戲整體構思和審美要求的地方，能加則加，創造新的情節和表演形式，包括運用個別技巧手段；能減則減，甚至乾脆全部刪除。到演出時講解人還可以作十分靈活的處理，如果時間許可，觀眾也有要求，按劇本原原本本講解演出，一個大型劇目連演兩三天是常事；同時也可以挑比較精彩的又能基本聯貫表達主要劇情的幾段來演，有的甚至只演整本中的一個段落，實際上相當於「摺子戲」，演出一兩個小時或幾十分鐘。

（十）時空自由和虛擬寫實相統一

1、時空自由的廣場演出

藏戲同樣是時空自由的表演，場景一方面由戲師講解出來，另一方面由演

員的虛擬表演展示出來。這種方法表現戲劇的時間和空間有無限的自由。演出場地雖小，變化卻很多，它可以不受任何限制地表現深遠廣闊的故事內容，反映社會生活的全貌。

2、虛擬寫實的表演程式

藏戲也有內地戲曲那種虛擬又寫實的表演，如騎馬時「以鞭示馬」，拿個木棍當馬騎，有的裝飾有馬頭，有的就是一根木棍而已。

3、程式的「死學活用」

藏戲的程式如同內地戲曲一樣，也講究「死學活用」，藏戲著名演員扎西頓珠、米瑪強村、倫登波、阿瑪拉巴等的表演常常看似即興創造，但又是合乎

▲ 喜劇演員多吉占堆的表演

法度的；是隨意的，但又是精美巧妙的，實現了對形式美的超越，能達到「得意忘象」的美學境界。

4、表演的「新鮮」和「傳神」

傳統藏戲反覆演出總是受到歡迎，其魅力在於：一個有造詣的演員每次演出其表演都有新的變化和創造，因此，它是常演常新，每次演出都有新的審美意境在裡頭。重要的是表演要做到「傳神」，藏戲著名戲師扎西頓珠與喜劇大師倫登波，在開場戲中分別扮演第一「甲魯」與第一「溫巴」，他們之間用口語道白逗笑對話時，完全是即興表演，只要其中一個有一點暗示性動作，或者細微的神情傳達，對方馬上就可以對答上來，或者做出對應的神情來。他們之間的搭擋表演既自然協調，又生動有趣，他們的一言一語都十分詼諧，一舉一動都是笑料，既「新鮮」又「傳神」。

（十一）「雅中帶俗」與「俗中見雅」相統一

1、藏戲丑角表演的「自由境界」

藏戲的丑角以自炫為美，自認為處在一種優越的主導地位，因此能進入表演的「自由境界」：以輕鬆愉快或冷靜的笑，批判地、嘲弄地表達自己的快感，特別是當人物性格或內容上美醜之間不和諧時，常常因滑稽的表演而引人入勝。

2、藏戲「正丑」「反丑」和「轉變之丑」

藏戲中滑稽、幽默詼諧的喜劇表演很多，各個傳統劇目中，有一類滑稽、幽默詼諧表演的「正丑」角色，像《朗薩雯蚌》中朗薩的父母親、耍猴乞丐、雲游僧人等。

一類是扮演反面人物的丑角，即所謂「反丑」。這種反派丑角表演所引起的笑是諷刺的笑，這種笑是對醜的直接否定，對反面人物弄巧成拙的嘲笑，在

▲ 《朗薩雯蚌》中的朗薩父母

▲ 《蘇吉尼瑪》中的舞女亞瑪更迪

這嘲笑聲裡激起人們對美的追求，從而獲得情感的愉悅。還有俊扮反面人物的丑角，像《蘇吉尼瑪》中的厄白波嫫，她是化成美女的妖怪。

還有一類是「轉變之丑」，《蘇吉尼瑪》中的舞女亞瑪更迪，她本來彈跳舞唱樣樣精通，可是被人收買，做了對蘇吉尼瑪栽贓陷害的醜事。最後，蘇吉尼瑪回來假托說唱喇嘛瑪尼講述自己的冤屈，亞瑪更迪被感動並進行懺悔。

3、「怪誕之丑」

藏戲中諷刺性的滑稽鬧劇，實際上是一種怪誕性的丑角表演藝術。怪誕藝術直接震撼人的魂魄。如《卓娃桑姆》「主僕尋望」一段中的丑角戲，主子瘋狂舞跳，奴僕就瘋狂舞跳配合，讓人看了既覺得怵目驚心，又覺得滑稽可笑，荒誕得出人意料，給人留下深刻的印象。

五、現代藏戲

現代藏戲主要指西藏自治區藏劇團的專業舞台藏戲，包括改編自革命樣板戲的《紅燈記》，改編自傳統藏戲的《朗薩雯蚌》《文成公主》《諾桑法王》《蘇吉尼瑪》《卓娃桑姆》等，新創大型歷史藏戲《唐東傑布》《文成公主》，京劇藏戲《文成公主》，新編大型現代藏

▶ 現代藏戲《諾
桑法王》表演

戲《朵雄的春天》,等等,均受到觀眾的好評,有的劇目獲得了國家級或自治
區級的大獎。

　　西藏自治區藏劇團通過老藝人的傳授和專業演員的刻苦訓練,出現了一批
掌握傳統技藝的、優秀的年輕演員,其中,班典旺久曾榮獲中國戲曲最高獎梅
花獎。

　　西藏自治區藏劇團先後出訪日本、美國、蒙古等國家,並得到普遍讚譽。

第二節　門巴族戲曲

西藏山南地區錯納縣勒布鄉、藏南達旺地區和林芝地區墨脫縣是門巴族聚居的地區，那裡流行門巴族戲曲門巴戲。

一、門巴戲的發展

地處藏區邊緣的門巴族文化受到藏族文化的影響很大。「門巴戲」雖然源自門巴族的民歌「薩瑪」（酒歌），說唱音樂、古歌、悲歌，以及早期的苯教祭祀性歌舞戲劇節目《阿拉卡教父子》等民間歌舞和宗教藝術，但它的產生也受到白面具藏戲的直接影響。門巴戲只有六個演員和一個司鼓鈸的伴奏員。演

▲ 門巴戲《諾桑法王》表演

出的開場儀式表演祭祀眾神：太陽神、香獐神、大象神、犛牛神、鹿子神、石磨神等。正戲開始後，六個演員除了要分別扮演劇中的六個角色外，劇中的其他角色也要由六人輪流串演，串演時服裝、裝扮都不變換。演出劇目只有《諾桑法王》，而且只演一個個的人物片斷。

西藏錯納縣勒布鄉賢勒戲班，是門巴戲藝人朗傑拉姆的父親創建的，這個戲班除在本鄉（賢勒）的幾個村和其他三個鄉的村莊（基巴、貢日、麻瑪）演出外，還要到邦青地區去演出。在一些地方戲班之間，還有交換演出的習慣。

二、門巴戲的藝術特色

門巴戲主要受白面具藏戲的影響，以白面具藏戲藝術為基礎，結合門巴族音樂、舞蹈、說唱和苯教祭祀藝術而形成自己獨有的藝術特色。

第四章

書法藝術

吐蕃贊普松贊乾布時期，吞彌・桑布扎創製
藏文。藏文書法藝術歷史悠久，種類繁多。

第一節　藏文書法的發展

千餘年來，藏文書法經過不斷的發展演變，出現了多種字體，形體各異，從形體線條造型和行筆速度來看，可歸納為烏金體與烏梅體兩大類。

七世紀中葉，吐蕃贊普松贊乾布的名臣吞彌・桑布扎以瑪爾文為藍本，參照古印度的古巴達文創製了現行的藏文，並確定了烏金（正楷）和烏梅（行書）兩大書體。吞彌・桑布扎創製的烏金體又叫蟾蜍體，其後陸續出現了列磚體、串珠體、青稞體、騰獅體、雄雞體、魚躍體和蜣螂體，稱為八大烏金書體。後經過瓊布玉赤的規範，烏金體基本定型，雖出現了不同的書體，但是書體格局大致固定下來。

據史料記載，在吐蕃第三十五代贊普赤德松贊時期，一些高僧、譯師等創立了獨特的書體，如密文體、伏藏體、幻妙體等，專用於書寫密宗或伏藏內容，字體多達四十餘種。

吐蕃時期，烏金體書藝發展成熟，烏梅體也有長足的進步。除正式公文和經卷多用工整的烏金體外，草擬文稿、記錄世事，特別是民間行文等多用烏梅體（行書體），所以烏梅體也呈現出了多種新字體，如朱瑪體（草書體）。前弘期出現了兩位大書法家，即丹瑪孜瑪和黎氏。他們對前人的多種烏梅體進行了周詳的分析研究，各自進行了規範創新，創立了丹派和黎派兩大書派。不過，黎氏派早已失傳，現今流傳下來的烏梅體屬於丹氏派。

後弘期烏梅體發展更快，相繼出現了十多種烏梅體。烏金體基本沒有超出戴帽和方形的格局，不同的烏金字體之間差別不大。相反，烏梅體不受方正有帽的限制，其類型遠比烏金體多得多，不同字體之間形態差異很大，大致有白徂體、朱匝體、徂仁體、徂同體、朱瑪酋體、酋體（草書體）六大烏梅體。

▌第二節　書法種類

　　藏文書法歷史悠久，在歷史上出現了眾多書法家，創造了丰姿多彩的書法種類。

一、烏金體的種類

　　藏文書法烏金體分前弘期和後弘期兩大類型。

（一）前弘期的烏金體種類

　　烏金體（音譯），「烏」是敬語「頭」的意思，「金」是「有」的意思。烏金體即有冠體，每個字母的上部都有短橫。在字母排列時，上端的短橫必須在一條直線上，形似平頂帽；從字形上來看，更大程度上是頭大腳小，故此得名。由於烏金字體多用作刻板印刷書籍的字體，故也有人稱其為印刷體。七至九世紀在短短的二百多年中，烏金體出現八種不同風格的書法種類。

　　1、蟾體（意譯），吞彌・桑布扎創造的最初的烏金體字體美觀活潑，形狀如同草坪上一隻伸開四肢的黑色蟾蜍，故稱為「蟾體」。

▲ 蟾體字樣

　　2、列磚體（意譯），因這種字體以方形用筆，橫粗豎細，精美整齊，每行字如同排列整齊的方磚而得名。此體為七世紀末的大書法家恰阿・仁欽巴所創。

　　3、雄雞體（意譯），此種字體的顯著特點是字體的腿細長，橫向筆畫略傾斜，三個翹起的元音符形似昂首鳴叫的雄雞。這種字體挺拔雄健，頗具特色，是七世紀末至八世紀中葉的大書法家恰嘎比烏次所創。

▲ 雄雞體字樣

4、青稞體（意譯），該體主要特徵是頂端凡是橫向或斜向筆劃都採用弧形，字體呈扁狀，酷似橫放的橄欖或青稞粒。用這種字體書寫的文稿好似撒在古色氈子上的青稞粒一樣。這種字體渾圓、工整古樸，是八世紀中葉的大書法家格年貢覺旺所創。

▲ 青稞體字樣

5、串珠體（意譯），立於桑耶寺大殿大門左側石碑上的銘文就是用這種字體書寫的。該字體的特點是筆畫醒目，奇縱恣肆。因用這種字體書寫的每行字像串串珍珠，故得此名。這種字體是八世紀末的大書法家伯雪昌姆所創。

▲ 串珠體字樣

6、蜣螂體（意譯），其特點是字的主體粗大，厚重圓潤，而元音符號和字的腿細而短，酷似蜣螂。它是在青稞體的基礎上加以創新的字體。這種字體是八世紀末至九世紀中葉的大書法家次班降秋所創。

▲ 蜣螂體字樣

7、魚躍體（意譯），形似躍出水面的魚兒。它是雄雞體和青稞體的結合體，每個字呈左高右低，元音符的傾斜度很大。不同於前幾種字體，它的字形主要由斜形曲線或左高右低的斜向弧形筆畫組成。這種字體筆勢流暢，神采飛動，是九世紀初葉的大書法家智瓦云丹所創。

▲ 魚躍體字樣

8、騰獅體（意譯），該字體狀如騰躍的雄獅。它是綜合雄雞體、魚躍體創新的一種雄健字體。字體扁長，斜向筆畫和縱向筆畫末端斜挑，其書筆力沉雄，氣勢開張。這種字體是九世紀中葉的大書法家札氏和許氏二人共同創造的。

▲ 騰獅體字樣

（二）後弘期的烏金體種類

前弘期的八大書法家雖然都獨創了一種有別於他家的字體，但是並未定出比較精細的字體格局和運筆法則。在瓊布玉赤之前，烏金體只有四線定格，即字的主體占三線，長腿在三、四線間。字體缺乏嚴格的章法，給學習掌握帶來困難，字體的多樣造成書寫者各行其是，這就需要進行統一規範，定出一個通行的、可作為典範的字體格式和運筆法則。瓊布玉赤縝密地分析和綜合了前人的多種字體特色，依照實用、簡潔、美觀的原則，借鑑繪製壇城圖的畫格方法，首次規範了烏金體，定出了字體格式，並為每個筆畫定名。從此，瓊氏烏金體成為後世習字、書寫和刻印的標準和楷模。

▲ 瓊體字樣

　　瓊體（音譯），該體是瓊布玉赤所創。瓊氏烏金體莊重、高雅。這種字體主要由橫平、豎直、斜曲、光圓四種筆畫組成。它要求筆畫光潔，同一類筆畫其長度、斜度、曲度要一致；筆墨要飽滿，濃淡均勻，不能有虛筆或飛白現象，法度森嚴。

　　一是前期瓊體，字與字的間隔相等，其書寫效果是整齊劃一，酷似儀仗隊。

　　二是後期瓊體（刻經體），瓊體日趨精緻，筆力遒勁，採用烏金體刻板寫經多用此體。

　　三是正規瓊體，字體端正，肩帽平齊，含蓄圓潤，挺拔有力。刻板印刷多用此體。

二、烏梅體種類

　　烏梅體（音譯），烏金體與烏梅體的最顯著區別是前者有平頂帽，後者卻沒有。烏梅體即無冠體、無頭體。有人按漢字書法篆、隸、楷、行、草來命名藏文書寫字體，把烏金體意譯為藏文的楷書，烏梅體意譯為藏文的行、草書。藏文草書，藏語叫「確依」，其筆道忽粗忽細，忽縱忽收，字體忽大忽小，乍徐還疾，其筆法淋漓酣暢，血脈貫通，如驚蛇入草，似激電奔流，體勢極盡斜側，書寫時講究通篇氣韻聯貫，追求氣勢流韻，搖曳多姿，疏密有致，一般用於書寫或速記。從大的方面看烏梅體有六大字體。

（一）白徂體

　　白徂體（音譯），「白」即經卷之義，「徂」即穩健之意。合起來就是「書寫經卷的穩健體」。白徂體又分淨足白徂體、毛足白徂體和朱徂體三種。薩迦寺內珍藏的許多經卷都是用白徂體書寫的。後世抄寫也常用白徂體。

　　1、淨足（意譯）白徂體，「淨足白徂體」是指這類字體字腿末端像刀切的一樣，形成末端齊莊，書寫便利，節奏明快，乾淨利落。

▲ 淨足白徂體字樣

　　2、毛足（意譯）白徂體，其字形末端略帶有挑筆，像是字母腿上長了腳。字體筆法精絕，字字分明，開張寬博，神采奕奕，風格獨特。

▲ 毛足白徂體字樣

　　3、朱徂體，所謂朱徂體是白徂體和朱匝體的混合體。產生在刻板印經技術出現之前。格調凝煉，縱橫淋漓，天成自然。

▲ 朱徂體字樣

（二）朱匝體

　　朱匝體（音譯），是「形似穀粒」之意，主體部分很像穀粒，其元音符號則與烏金體相近。

　　朱匝體分長腿朱匝體和短腿朱匝體兩類。長腿朱匝體又分彎腿朱匝體和直腿朱匝體兩種。短腿朱匝體內又分棱體、粒體等多種體。不論長腿體，還是短腿體，它們的基本風格大體相同，都具有一種典雅、莊重、整齊的視覺效果，因此，這種字體多用於官方的文告。

　　1、彎腿（意譯）朱匝體，彎腿朱匝體的字形上部主體呈圓粒狀，長腿略

▲ 彎腿朱匝體字樣

▲ 直腿朱匝體字樣

▲ 短腿朱匝體字樣

有彎曲，亭亭玉立，再配以彎曲的元音符號，顯得更加優美。彎腿朱匝體產生於薩迦王朝時期。薩迦王朝時期不僅行文、公告等多用彎腿朱匝體書寫，而且碑文也用彎腿朱匝體書寫。如元帝師碑，其碑文字體是彎腿朱匝體，筆調優美流暢，利落瀟灑。

2、直腿（意譯）朱匝體，直腿朱匝體的字母腿長而直，好似立起的經幡桿，每行字如同列隊的儀仗。筆劃直挺，遒勁奇崛。

3、短腿（意譯）朱匝體，節奏明快，韻律生動。

（三）徂仁體

徂仁體（音譯），徂仁體型大穩健，其字體筆勢勁挺，縱橫交錯。如字高二至三寸，字的主體部分約為一至二寸高，占據二分之一。徂仁體須嚴格在四條橫線內書寫，上三線為字的主體的框架，第四線為字的長腿的界定。藏文習字之初，須從練習徂仁體開始。練好了徂仁體才能學習其他字體，在學好徂仁體的基礎上，才能書寫藏文草書體。歷代書法家都為孩童書寫了各種徂仁體字帖，其中十三世達賴喇嘛的秘書仲意哥普哥所書字帖為最佳，二十世紀三〇年代，他所書寫的字帖被定為布達拉宮僧官學校的標準徂仁體字帖。

▲ 徂仁體字樣

（四）徂同體

　　徂同體（音譯），徂同體型小穩健，結構與徂仁體相近。只是字高比徂仁體小許多，字的主體比例比徂仁體偏矮一些，字與字之間的距離寬一些。其字體秀潤遒勁，行氣流暢自然，體態嬌美多姿。書寫徂同體的四個元音有四句非常形象的口訣。這四句口訣是：「（吉古）恰似上師指，（夏兖）如同蛋牛塊，（珍波）宛若黃金鉤，（拿若）酷肖鷹之翅。」的確，徂同體的四個元音符號按照這四句口訣書寫，便能達到較好的藝術效果。

▲ 徂同體字樣

　　徂同體又分為「伊體」和「雄體」兩種字體。

　　1、伊體（音譯），伊體是噶丹頗章時期產生的一種字體。當時西藏地方政府用的各種行文，都是由從山南地區伊地(現曲松縣)來的經過徂同體專門訓練的謄錄人員書寫的。其字體行筆流暢而穩健，結構嚴謹，存風骨於肥厚之內，形成了具有獨特風格的「伊體」。

　　2、雄體（音譯），「雄」意為「政府」，因此雄體即官方體。細膩精巧，靈秀神妙。

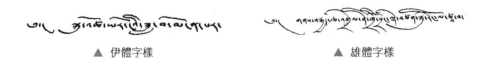

▲ 伊體字樣　　　　　　　　　　　　　　▲ 雄體字樣

（五）酋體

酋體（音譯），「酋」即「迅疾、簡捷、活潑、熟練」等意思。酋體字母間多以牽絲相連，可稱為藏文的「草書」。酋體是由徂體過渡而來的，是徂體的草寫字體。只有在書寫其他字體上達到較深厚的功底時才能書寫好酋體，酋體的出現標誌著藏文書法達到了頂峰。酋體又分小草和大草(狂草)兩種。

1、小草（意譯），小草的形體近似徂同體。小草連筆較少，線條凝練，筆調瀟灑飄逸，妍婉秀美，意趣橫生，將奔未馳。

2、大草（意譯），大草線條連綿，並且許多字母與小草有別。行筆恣肆，無拘無束，飛動圓轉，氣勢奔放，一瀉千里。

▲ 酋體小草字樣

▲ 酋體大草字樣

（六）徂瑪酋體

徂瑪酋體（音譯），「徂瑪酋」意即徂體和酋體的融合體。徂瑪酋體具有徂體穩健娟秀的特點，又有酋體的曲線美。給人以從容安詳、不亢不卑、高古典雅之感。

▲ 徂瑪酋體字樣

三、其他特殊字體的種類

自後弘期開始，歷代藏文學者和書法家創造了多種新字體，除以上字體外，還有一些特殊字體，這些字體形態各異，各有其用途。

（一）八思巴體

八思巴體，八思巴所創的藏文新字體，有幾個顯著特點：其形狀呈正方形，橫豎筆畫一般粗細，縱向排列，元音符號都標在字母下方。這種書體多用於印章、佛殿門框兩邊的銘文等，亦即蒙古新字，藏語稱為「霍爾伊合薩爾氏」，是一二六九年元代藏族著名的宗教家、政治家八思巴大師仿照藏文所造的蒙古文字。當時忽必烈下詔頒行，作為印璽詔書的正式文字。元朝滅亡，這種文字後來並不流行使用。但這種文字優美的造型，不僅得到了藏蒙書法家的喜愛，而且也得到了藏蒙民眾的喜愛。這種文字本身就源於藏文，書寫藝術也達到較高水準，逐漸成為寺院殿堂建築的裝飾和官方百姓刻寫的必須文字。由於該體筆畫平直、剛健有力，易於書寫，因而具有廣泛性和群眾性，為常用體，在藏文典籍資料及木刻經板中常見。

▲ 八思巴體字樣

（二）多旦體

多旦體（音譯），多旦體也是以藏文為基礎，參照其他文字的形體所創的藏文新體。它是烏梅體的一種變體。

▲ 多旦體字樣

（三）貴羅體

　　貴羅體，貴羅體是大翻譯家貴・循努白（1392-1481）所創。它也是以藏文為基礎，並參照其他文種字體創造的一種藏文新體。這種字體與烏金體相近，即字母大多有平頂帽，也屬於烏金體的一種變體。

▲ 貴羅體字樣

（四）恰羅體

　　恰羅體，這種字體由大譯師恰羅所創，這種字體屬烏梅體的新體。

▲ 恰羅體字樣

（五）洛旦體

　　洛旦體，是由次旦夏仲大師所創的新字體，這種字體字母傾斜，傾斜達四十五度。

▲ 洛旦體字樣

（六）央旦體

　　央旦體，這種字體方正端莊。

▲ 央旦體字樣

（七）殊妙體

殊妙體，是一種用於速寫的書體，書寫十分流暢奇妙。

▲ 殊妙體字樣

（八）覺羅體

覺羅體，由覺羅阿旺次旦所創，屬於烏金體。

▲ 覺羅體字樣

（九）仁布體

仁布體，由仁布阿旺吉扎於十六世紀模仿俄文所創的一種藏文新體，是烏金體的新字形。它又細分為多種書體。

▲ 仁布體字樣一

▲ 仁布體字樣二

四、三種文體合璧的書法

這種書法，上有蘭札、中間為藏文注音、下文為蒙文，書寫難度較大，必須精通三種文字方能書寫。眾所周知，蘭札和藏文以及蒙文均有著密不可分的淵源關係。自藏傳佛教傳入蒙古地區後，藏蒙語言文字成為兩個民族文化交流的媒介。藏族地區的高僧學者紛紛學習蒙文蒙語，抵達蒙古地區弘揚佛法；蒙古地區的僧侶弟子為了更進一步瞭解深奧的佛法典籍，積極學習藏文，以便將佛教理論譯為蒙古文字。就這三種文字的藝術特點來講，蘭札密度較大，藏文疏密合理，蒙文生動活潑。

五、藝術體

據說源於尼泊爾文，由八思巴創製的用蒙文轉寫的藏文體，叫「何爾尤」或「索尤」。它不是右行橫書，而是從右豎書，其字體和拼寫法有專門規格和模式。由於該體古僻難認而不流行，僅見於繪畫或印章中。

第五章

繪畫藝術

西藏繪畫藝術的雙璧——壁畫和唐卡，均與
藏傳佛教信仰體系有密切關係，歷史悠久，
品種繁多，具有獨特的樣式、風格和韻味。

第一節　壁畫

在西藏寺院、宮殿、莊園、石窟中有著大量的壁畫，歷史悠久，形式多樣，品類繁多，獨具西藏地方和宗教特色，其發生、發展的歷史過程完全與藏傳佛教史同步。

一、藏傳佛教前弘期壁畫

西藏最早的壁畫應出現在大昭寺、小昭寺、昌珠寺、桑耶寺等七世紀先後落成的吐蕃佛寺中。在大昭寺中心佛殿二層東北隅傳說為松贊乾布自修室的小門兩側，現存《六臂觀音》《金剛界佛》《獅吼觀音》壁畫，以及室內壁畫《佛與眾菩薩》等，為十二至十三世紀作品。

二、藏傳佛教後弘期的西部壁畫

藏傳佛教後弘期的西部壁畫，最重要者即西藏阿里地區的托林寺內殘存的佛塔出土壁畫，其壁畫殘跡尚能顯示當年輝煌。與托林寺早期佛教壁畫同期的尚有十一至十三世紀的東嘎石窟寺壁畫、皮央多香石窟寺壁畫等。這些珍貴遺存與托林寺

▲ 大昭寺壁畫

早期壁畫一樣，明顯受印度波羅和克什米爾藝術風格的影響，畫風簡潔粗放。

三、藏傳佛教後弘期的東部壁畫

康區噶瑪噶舉派祖寺噶瑪寺始建於十二世紀中葉，現今寺中祖師殿所存黑帽是歷代祖師像為十五世紀作品，主殿供奉有十七米高的彌勒佛像，相傳由噶瑪拔希親自開光，殘留壁畫距今約八百年之久，屬康區僅存的南亞風格壁畫。康區另一重要寺院類烏齊寺落成於一三二〇年，藉助該寺珍藏的古代唐卡，可以推見其壁畫原作的輝煌。薩迦派寺院瓦拉寺在通常畫佛教主題的迴廊壁畫位置，畫了數十米的格薩爾壁畫，在人物形象的塑造、壁畫構圖法則和整體風格上，都表現出濃厚的康巴個性。

四、藏傳佛教後弘期的衛藏壁畫

衛藏地區各教派的壁畫爭奇鬥豔。該地區在引進、翻譯域外經典，並延請阿底峽等佛學大師講經布道的同時，帶來了南亞印度、尼泊爾、克什米爾的繪畫風格。

建於十一世紀末葉的扎唐寺壁畫是衛藏後弘期最早的壁畫遺存，壁畫風格顯示出印度波羅風格與敦煌壁畫相融合的文化淵源，又保留吐蕃風範的鮮明特徵。特別引人注目的是，《說法圖》中佛的袈裟內著花袍、腳穿藏靴，弟子多有身穿吐蕃王族的大翻領長袍並著桶狀纏頭者，這種「入鄉隨俗」的表現，揭示了那個時代開放與自信相統一的民族心理。

夏魯寺的早期壁畫，是藏傳佛教後弘期的繪畫精品，是典型的元朝夏魯風格的壁畫。

江孜白居寺始建於一四一八年，其標誌性建築吉祥多門塔壁畫主要集中在主殿二層之後迴廊、西配殿及正殿，後迴廊壁畫為釋迦佛傳記故事圖、佛本生故事圖。這裡的壁畫雖是敘述性的，但段落與事件在大時空中起承轉合自然流暢，景觀物象的表現如詩章音律，注重抒情渲染。

勉塘派創派祖師勉拉·頓珠嘉措在後藏受業於著名畫家朵巴·扎西傑布，

▲ 夏魯寺壁畫

顯然是在白居寺風格的藝術環境中成長起來的。一四四七年一世達賴根敦珠巴創建扎什倫布寺時，請勉拉・頓珠嘉措主持措欽大殿壁畫創作，現存部分勉拉原作。勉拉善畫靜相神，對繪畫的改革主要表現在把漢地青綠山水移植到主尊背景中，因而使傳統壁畫的紅藍、紅綠對比的主色調變為石綠色；人物造型一改江孜風格的修長清秀，顯得厚重圓渾；著裝畫法的漢地化加強了，衣帶被加大增寬，裝飾打破了棋格式構圖；諸神畫於雲端或風景當中，似以天地為大道場，畫面生動，布局多變。

　　同出朵巴・扎西傑布門下的另一高徒貢嘎崗堆・欽孜欽莫開創了欽孜畫派。欽孜派以繪製怒相神見長，人物造型保留了印度、尼泊爾樣式，強化了優美的舞姿，畫面富於動感，以精當微妙的色彩技巧製造明亮如火、閃爍跳動的幻覺，表現金剛的威猛烈性。一四六四至一四六五年，欽孜派創始人貢嘎崗堆・欽孜欽莫在貢嘎縣多吉丹寺創作了喜金剛殿系列壁畫。

▍第二節　唐卡

　　唐卡，就其直觀形態判斷，是一種捲軸畫，可以展觀、懸掛，主要功用與壁畫相同，屬佛教繪畫。

一、唐卡的發展

　　西藏唐卡的緣起與發展與西藏壁畫同步，早期引自南亞印度和中原漢地。唐卡的裝裱方式與中原漢唐至宋元時期的捲軸畫有著直接的連繫，敦煌藏經洞中的九世紀吐蕃帛畫《藥師佛及兩菩薩》《救度佛母》和旗旛畫《金剛手》等，是迄今發現的最早的實物。吐蕃藏族繪畫傳統對十三世紀前後西藏早期唐卡藝術的影響很大。據史料記載，阿底峽大師有感於當時衛藏唐卡規範的迷失，曾寫信給印度著名寺院超戒寺，請那裡的畫師做布畫三幅帶來衛藏，作為繪畫的藍本。一幅流向海外私人收藏的唐卡《綠度母》，被認定為十一世紀末葉熱振寺的唐卡。這幅迄今存世年代最早的唐卡，有可能就是阿底峽大師製作唐卡中的一幅，同時期還有黑水城唐卡《藥師佛》。

▲ 唐卡《綠度母》

另有一幅現存克里夫蘭美術館的唐卡《綠度母》，創作年代在十四世紀初，傳為尼泊爾藝匠阿尼哥所繪（阿尼哥為大元帝師八思巴器重的尼泊爾藝術大師，曾在薩迦塑過金塔，並隨帝師入京）。在這幅唐卡中，沒有十三世紀以前流行西藏的波羅藝術風格，度母頭飾五花冠，發結盤於頭側，另一側為捲髮披肩，布滿周身的纓絡、項鏈、釧鐲泛著柔美的光澤，女神被刻畫得聖潔美麗、溫柔善良。作品在造型上一絲不苟、精細描繪，用色也富於變化、雅緻和諧，顯示了作者高超的藝術修養。

這種尼泊爾藝術風格到了後期，首先影響到薩迦寺，然後擴展到夏魯寺、白居寺，粗狂雄健，又顯柔美精巧、從容優雅，推動了西藏古典繪畫的多元化發展。以這幅唐卡與夏魯寺、白居寺壁畫相比較即可看出，壁畫與唐卡風格相對應，平行發展，有怎樣的壁畫產生，就一定會有同樣風格的唐卡流行。直至近現代，勉塘、欽則、噶赤等畫派的蓬勃發展，同樣在唐卡創作上體現出來。

二、唐卡的種類

唐卡的種類依其功能可分為「表法」唐卡、「畫史」唐卡、「藏醫」唐卡及「喇嘛瑪尼」唐卡等。

（一）「表法」唐卡

「表法」唐卡是用圖像的方式「表法」，解釋佛教義理。唐卡是抽象、深奧教義的具象化，無論在巍峨宏偉的寺院佛殿，還是在僧俗信徒的禪室廳堂，都要懸掛相當數量的唐卡，以顯莊嚴、以便禮拜，其重要性與壁畫、塑像是等量的。用作藏密觀修冥想的唐卡一般是體現「悲智合一」「樂空雙運」觀念的男女相擁的「雙尊」和曼陀羅唐卡，懸掛唐卡的直觀意義則是使宮殿、佛堂莊嚴。

◀ 唐卡《大威德金剛》

（二）「畫史」唐卡

「畫史」唐卡以畫言史，是西藏唐卡的一大特色，通史性的唐卡與同一內容的壁畫相似，根據古往今來重大歷史事件的發生順序，圖說政教史的大概脈絡。這類唐卡與壁畫的區別在於採取了系列組畫的表現形式，每一幅重點描繪某個歷史時期或某一事件，是斷代式的。十七世紀五世達賴時期，藏傳佛教格魯派居統治地位後，對歷史的再認識更自覺、更主動，除在布達拉宮、大昭寺、哲蚌寺、色拉寺、甘丹寺、桑耶寺、扎什倫布寺等處組織繪製了許多歷史題材的壁畫外，大量的畫史唐卡也應運而生，如《西藏人類起源圖》《松贊乾布畫傳》《赤松德贊畫傳》《米拉日巴畫傳》《宗喀巴畫傳》《八思巴畫傳》，以

及各大寺院的寺史圖等。

(三)「醫藥」唐卡

八世紀，宇妥‧云丹貢布總結藏醫藥經驗寫成了《四部醫典》。十七世紀，第司桑結嘉措對《四部醫典》進行了全面的整理、註釋，並召集藏區眾多著名畫師，根據實際觀察和事物標本，以唐卡的形式繪成了全套七十九幅藏醫藥掛圖。藏醫唐卡不僅要畫其所知，更要在畫其所見時「師造化」，使圖像具有確切的可認知性，這在西藏繪畫史上是一大突破。

(四)「喇嘛瑪尼」唐卡

「喇嘛瑪尼」唐卡是故事性的，是以圖畫創作的文學作品。常見的「喇嘛瑪尼」唐卡與八大藏戲相對應，又可視作以圖畫表述的藏戲劇本。此外，還有高僧大德的畫傳故事圖、經變故事圖等，也是說唱藝人所用的掛圖。直至現在，一些藏戲師傅說戲時仍使用這種「喇嘛瑪尼」唐卡作教材。

▲ 以藏戲《蘇吉尼瑪》為主題的「喇嘛瑪尼」唐卡（局部）

(五)其他類型唐卡

西藏各大寺院及布達拉宮還有供展佛用的超巨幅唐卡，展佛時人山人海，圍繞唐卡上的巨大佛像頂禮膜拜，這樣超大規模的群眾禮佛場面空前壯觀。有一種手掌大小的唐卡，與展佛唐卡在大小上絕對不成比例，在表現上卻相差無幾，畫上神佛微小精細，形神兼備，作為藝術品的氣量並不顯小。

唐卡按質地和製作方法分類，主要有繪畫唐卡與織繡唐卡兩大類。繪畫唐卡中，用多種顏料繪製的唐卡稱「彩唐」；以金色作底，勾勒紅色或黑色線描的稱「金唐」；紅底唐卡稱「紅唐」；黑底唐卡稱「黑唐」，在漆黑底色上，以金線勾勒的唐卡有時略施淡彩、別具韻味。

　　織繡唐卡可分為刺繡、織錦、堆繡、緙絲等種類，刺繡唐卡是用絲線在絲綢上綴繡而成，是內地工藝的西藏化。織錦唐卡屬手工機織，是以藏傳佛教內容為題材的內地工藝。堆繡，或稱堆綾，即貼花唐卡，用各色綵緞剪裁拼貼、縫製在織物上，組成人物或其他圖案。緙絲唐卡是以「通經斷緯」之法將繪畫移植於絲織品上的特種工藝品，宋、元、明、清所製作的緙絲唐卡技藝高超、古色古香，是西藏唐卡中的精品。布達拉宮藏有《貢塘喇嘛相像》和《帕瑪頓月珠巴像》，為宋代緙絲唐卡。

▲ 展佛唐卡

▲ 堆繡唐卡　　　　　　　　　　　▲ 珍珠唐卡

　　其他質地和製作方法的唐卡，比較獨特的是山南地區乃東縣昌珠寺所藏的白度母珍珠唐卡，以大量的珍珠、珊瑚、寶石鑲嵌而成，唐卡高二米，寬一點二米，屬罕見珍品。

▌第三節　繪畫流派

　　十五世紀前後，西藏不少地方已出現地方畫派，尤其後藏地區，畫師不僅繪畫水準很高，而且大師雲集。十五世紀中期產生的兩大著名畫派——「勉塘畫派」和「欽孜畫派」，實際上象徵著西藏本土繪畫的成熟。勉塘畫派的畫跡據說分布在日喀則、拉薩一帶；欽孜畫派的畫跡主要保存在山南地區的多吉丹寺。

　　關於勉、欽兩畫派，畫壇又有「一文一武」之說，勉派主「文」，欽派尚「武」。這是因為欽派擅繪怒相神，面相威嚴孔武，造型結實有力，舞姿躍然，強調動感，同時又動中有靜、剛柔相濟，頗具陽剛之美。其次，欽派尤善繪製壇城，工整精美，裝飾味很強。總體來看，欽派繪畫與後藏流行的密教繪畫以及薩迦派繪畫有著更為密切的內在連繫。

　　十六世紀以後，藏東康區又出現了噶瑪噶赤畫派，明代西藏三大畫派就此形成，並不斷傳承發展。

一、勉塘畫派

　　勉塘派的開派祖師為勉拉・頓珠加措，最初致力於傳播勉塘派畫法的是勉拉的兒子勉塘・加央、勉塘・倫珠及勉拉的侄子勉塘・希瓦沃。勉塘繪畫的主要特徵，是把漢地青綠山水作為主尊背景引入西藏唐卡，並加強了神佛著裝的漢式表現，在藝術風格上拉開了與南亞繪畫的距離，唐卡上棋格式構圖消失，把諸神置於雲端或風景當中，布局活躍，富於變化。

　　勉拉・頓珠加措之後的二百年間，勉塘派出現了一些大畫家。直至十七世紀中葉新勉塘派出現時，在藏傳佛教格魯派的倡導下，勉塘派繪畫成為西藏繪畫的標準樣式，特別是在四世班禪和五世達賴時期，新勉塘派繪畫已經貴為宮廷藝術，居於西藏畫壇的統治地位。新勉塘派創始人藏巴・曲美嘉措，在舊勉

▲ 勉塘派壁畫《北天王》

塘畫法基礎上，吸收融入了噶赤派和欽孜派藝術的特點，在色彩和筆法上更富於變化。曲美嘉措是一位寫實能力極強的大師，《四世班禪洛桑‧卻吉堅贊像》是由大師簽名的唐卡真跡，畫像造型精準，筆法傳神。

二、欽孜畫派

欽孜畫派是藏族三大傳統畫派之一（勉塘畫派、欽孜畫派、噶赤畫派），以其創始人欽孜欽莫之名命名，時間上大致與勉派同時或稍後，主要流行於後藏及山南地區。欽孜欽莫出生於山南貢嘎崗堆地方，自幼酷愛美術且頗有天賦，成年後赴後藏拜朵巴‧扎西傑巴為師，學志精勤，師而能化，畫藝終獲大成後創立欽派。畫壇常稱欽派與勉派為「勉欽兩畫派」。欽孜畫派與勉塘畫派的出現為十四至十五世紀上半葉流行於衛藏地區的印度──尼泊爾繪畫樣式劃上了句號，使西藏真正開始擁有自己的畫派，形成本土的繪畫語言體系，為西藏繪畫步入近代打下了基礎。據傳，山南多吉丹寺的壁畫即出自欽孜欽莫之手，其繪畫風格與白居寺等後藏繪畫風格血脈相通，同時又頗有創新，具有明顯的承上啟下的特點。

據藏史記載，欽孜畫派擅長密宗造像的繪製，而且擅長壇城圖繪。密宗繪畫原本是藏傳佛教繪畫中最具神祕感的部分。貢嘎多吉丹寺密宗殿堂壁畫多雙身尊，或多頭多臂，或獸首人身，他們手持諸如骷髏項鏈、金剛橛、金剛杵、

金剛劍等密宗法器，身著用獸皮做成的服飾，懷抱明妃，舞姿躍然，背光多為紅色火焰光環。畫面熱烈，富於動感，充滿了神祕而又鮮活的生命力。

三、噶赤畫派

　　與勉塘派繪畫成為主流風格的同時，十六世紀在東部康區產生、發展起了噶赤派繪畫。噶赤畫派的開派祖師南喀扎西活佛，被認為是噶瑪噶舉派黑帽系八世噶瑪巴的轉世，他臨摹過明朝皇帝贈予五世噶瑪巴的捲軸畫、漢族畫家的羅漢肖像等。其師傅為勉派大師貢覺班丹，傳說這位老師為文成公主轉世，自然偏愛漢地藝術，在傳藝過程中也把這一偏愛傳給了弟子，使南喀扎西在開創藏東風格畫派之初，就受益於漢地藝術風格的影響。

　　十七世紀，噶赤派繪畫大師十世噶瑪巴曲美多吉在噶赤派基礎上開創了新派風格，被稱為「格智派」，以其法王的特殊地位，推動了噶赤畫派的發展、創新和傳播。

　　第五世噶瑪噶舉紅帽系活佛司徒班欽·卻吉迥乃在曲美多吉開創的格智派基礎上，創立了新噶赤派風格。他是繼曲美多吉之後，又一位噶赤派藝術的實踐家和倡導者。一七三三年，由他親自設計定稿，嘎雪派繪畫大師們參與製作，歷時兩年完成了《如意藤》（譬喻故事）一百零八則故事內容的三十幅巨型唐卡組畫，這是一項顯示其宗教虔誠與藝術熱情的莊嚴功德。現存布達拉宮的《釋迦牟尼畫傳》系列唐卡組畫，是一套典型的新噶赤派唐

▲ 噶赤派唐卡

▲ 格智派唐卡　　　　　　　　▲ 新噶赤派《釋迦牟尼畫傳》系列唐卡之一

卡，專為八世達賴所作。自十八世紀，噶瑪噶赤派及其分支的繪畫人才輩出、
高手雲集，其影響至今不衰，成為西藏東部地區的主流畫派。

　　另外，十七世紀覺囊派第二十八代法王多羅那他為拉孜縣覺囊派祖寺畫了
許多禪藝合一風格的壁畫和唐卡，後來又傳到藏東地區，產生了很大影響。

第六章

雕塑藝術

西藏雕塑現存最早的實物，首推卡若遺址出土的「雙體獸形罐」「陶塑黑豆杯」等。「雙體獸形罐」陶器鼓脹飽滿的造型，讓人聯想到女性身體——母系氏族社會生殖崇拜的象徵，其精神內涵超出了器物的實用功能，在象徵、抽象、誇張等雕塑語言運用方面，獨具特色，成為五千年前藏族雪域文明程度的標誌。

七世紀，佛教傳入青藏高原後，為適應佛教興寺弘法的需求，佛教的雕塑與繪畫應運而生，蓬勃發展。在題材內容、技藝手法、風格類型、功能用途等方面，西藏雕塑呈現出多元化發展。

▎第一節 金屬雕塑

西藏的金屬雕塑歷史悠久，種類繁多，主要是銅雕，也有金銀雕。銅雕，分鑄銅與鍛銅兩大類。

一、鑄銅雕塑

鑄銅雕塑又分紅銅、黃銅、青銅三種。被義大利東方學家杜齊指認為西藏「史前期」藝術的「朵迦」（天降石），絕大多數為散存的鑄銅殘件，其對應的年代為一至六世紀。在「朵迦」中，金屬鑄造的器物攜帶的信息十分複雜，有些是帶扣、紐扣或飾品，為古代日常用物；有些是宗教信物、圖騰或徽記，帶有佛教的符號、紋飾，表明其年代在佛教傳入之後。西藏金屬雕塑理論上的分期界線為七世紀，吞彌·桑布扎創造文字之前為史前期，之後為有文字記載時期。

西藏有文字記載和明確紀年的最早金屬雕塑，是現供奉於大昭寺的釋迦牟尼十二歲等身像。六四一年，吐蕃贊普松贊乾布迎娶大唐文成公主進藏，公主攜釋迦牟尼十二歲等身像遠赴雪域。藏族稱此尊為「覺臥佛」，因是釋迦佛祖親自開光，故殊勝無比。「覺臥佛」來歷顯赫，先在印度供奉了一千年，後被迎請至大唐供奉，隨公主赴藏以來，雖歷經劫難而安然無恙，故無論在佛教史還是藝術史上，它都居於至高無上的尊位。

現存的吐蕃時期的金屬雕塑極為罕見。《布達拉宮志》記載：「此殿供奉的佛像，皆為響銅鑄造，故命名『利馬拉康』（藏語意為響銅佛殿）。其中有合金銅鑄釋迦牟尼一尊，東印度響銅鑄釋迦牟尼一尊，藏王松贊乾布時代銅鑄無量光佛像一尊。另有東印度、中印度、克什米爾、尼泊爾等地響銅鑄、合金銅鑄佛像約八百尊。藏族視古響銅鑄造的佛像比純金佛更為貴重。」布達拉宮利馬拉康為西藏供奉古銅佛像最豐富之佛殿，八百尊中僅一尊為吐蕃時期

鑄造。

　　據史料記載，松贊乾布曾命尼泊爾工匠照他本人身量塑造觀音菩薩像。赤松德贊也曾敕令用藏地青年男女作模特塑造佛像。瑞典學者施羅德在其《西藏佛教雕塑》第二卷中，收錄了八尊吐蕃時期的金銅造像，這些稚氣可愛、帶著濃郁世俗情趣的塑像已經越出佛教造像的度量規範，也許就是赤松德贊以本土俊男美女為模特塑佛的實證。無獨有偶，首都博物館亦藏有一尊吐蕃時期的蓮花手菩薩像，此尊之造型情態與扎塘寺壁畫中的菩薩妝異曲同工，再次實證了吐蕃佛教藝術的審美趣味，吐蕃人在佛教傳入時具備充足的自信，在崇佛敬神的同時，張揚著人本精神，堪為後世之師。

　　藏傳佛教後弘期的金銅造像仍繼承吐蕃傳統，但表現了地域特色多樣、文化傾向多元的時代特點，大體上有「克藏」「帕藏」「尼藏」三種風格。「克藏」是古格王朝時流行於西藏阿里地區的一種造像風格，受克什米爾藝術影響，部分融入了當時當地的審美需求，並有克什米爾、印度犍陀羅藝術的遺風。「帕

▲ 銅鑄佛像

藏」風格始終在藏中乃至藏東地區占據主流。「尼藏」風格是尼泊爾與西藏風格相融合而形成的。受印度帕拉藝術影響，尼泊爾藝術於十至十二世紀發展到鼎盛時期，史稱「尼泊爾—帕拉」風格，所鑄佛像健美優雅、工藝精湛。西藏與尼泊爾的藝術交流由來已久，當尼泊爾鑄佛技藝傳入西藏後，便很自然地與本地風格珠聯璧合、落地生根，至今餘脈不絕。元代帝師八思巴邀尼泊爾藝人阿尼哥進京，滯留多年鑄佛無數，應屬典型「尼藏」風格。明代永樂、成化、宣德年間對鑄造藏式佛像熱情高漲，所鑄藏佛造型嚴謹、工藝精良，現存布達拉宮的鑄銅鎏金密宗蓮花堪稱明代鑄佛的經典之作，金蓮開合自如，內藏密宗雙尊，其想像力高妙，鑄造能力高超。清代，乾隆年間隨六世班禪進京的章嘉活佛，監製了大量藏傳佛教造像，僅乾隆御用寶相樓佛堂中就供奉了金剛佛像七百八十六尊之多。章嘉活佛以其畢生精力，貢獻於藏漢宗教、文化、藝術交流事業，影響深遠，功德無量。

二、鍛銅雕塑

鍛銅俗稱敲銅，是西藏十分普遍的一種金屬工藝，藝匠以鍛敲法將銅皮加工成需要的造型或裝飾紋樣，大到宮殿金頂，小到酒杯、戒指無所不能。以功能分類，鍛銅雕塑有建築裝飾、神佛造像、法器、禮器、餐飲器具等。迄今，西藏的鍛造工藝仍保持著古代的手段與風格，與大唐時代盛行於中原的作法近似。

常見的大寺院、古典建築的金頂，就是一個個巨型鍛銅雕塑。其局部則是精美的鍛銅圓雕藝術品，如林立的鍛銅經幢、法輪、人首鳥身的妙音鳥等，一般都通體

▲ 飛獅銅飾

鎏金，在藍天的映襯、驕陽的照射下，光彩奪目、無比輝煌。在紫紅色牆體的要緊部位則鑲嵌金色的鍛銅符咒或裝飾造型。寺內的大型主供佛亦非鑄造，而是鍛銅圓雕。

日喀則的扎什倫布寺中供有一尊鍛銅圓雕強巴佛（未來佛），佛結跏趺坐於三點八米高的蓮座上，佛像通高二十六點二米，為世界室內最大銅佛。大佛著菩薩裝，頭戴寶冠，耳飾大環，神態安詳、慈悲，慧眼微張，俯視眾生，信徒舉仰伏拜之際，頓生肅然敬意與虔誠皈依之心，這是一尊融宗教膜拜與藝術感染於一體的空

▲ 人首鳥身的妙音鳥

▼ 布達拉宮金頂

▲ 大昭寺鍛銅金頂

前巨作！

三、金銀雕塑

　　西藏的金銀雕塑自吐蕃時期就已經出現，如吐蕃王宮贈送大唐宮廷的有金鵝、金鴨、銀犀牛、銀羊、銀鹿等。隨著佛教的傳入，除金銅雕塑外，純金、純銀雕塑也發展起來，如布達拉宮藏的純金釋迦牟尼像和純銀五世達賴像。達賴喇嘛和班禪喇嘛的靈塔也都是用金銀塑造並鑲嵌珠寶而成的。

第二節　彩繪泥塑

　　彩繪泥塑即敷彩的泥塑，簡稱彩塑。據史料記載，西藏的彩塑技藝最早是由漢地傳入，文成、金城公主入藏都曾帶來許多包括雕塑藝人在內的工匠。赤松德贊時期興建的桑耶寺中層主體就是漢式建築。這種風格的彩塑被藏族藝匠掌握並本土化，如現存昌珠寺的文成公主塑像，布達拉宮的松贊乾布、文成公主、尺尊公主塑像，都是藏漢風格相融合的彩塑典範作品。山南乃東縣吉如拉康是金城公主時代所建，其中泥塑菩薩為吐蕃遺存，具有明顯的漢地風格。

　　扎塘寺主殿原供奉釋迦佛八大弟子及二護法神大型彩塑，可惜已毀壞，壁上僅留背光雕塑。中央主佛背光整體為彩塑高浮雕，主要部位的大鵬鳥、摩羯魚及騎魚童子為圓雕，技藝高超。背光的工藝水平顯示十一世紀末衛藏地區的彩塑技術已非常成熟，藝匠具有非凡的融會貫通能力。在這裡，漢地的泥塑技

▲ 布達拉宮中的文成公主塑像

▲ 山南地區吉如拉康寺的泥塑菩薩

▲ 艾旺寺彩塑

術被用來塑造藏傳佛教銅雕、木雕藝術中的造像，表層的彩繪是藏地藝人新創的，通體鎏金、局部敷彩。這種技術在同期及以後的眾多寺院中被廣泛運用，幾乎與鑄銅鎏金佛真假難辨。

殘存的吐蕃時期寺廟艾旺寺彩塑是西藏彩塑藝術最為傑出的代表作。該寺活佛及弟子的塑造遵循規範程式，細節表現追求活人一樣的真實生動，如佛像眉眼鼻唇的形狀情態，頭頸的生理結構，既非南亞相貌，也非漢地模樣，其靈感源泉自然是從模仿本地人形而來，在寫實的臉上塑造出一個有棱角的方形下巴，則是為了增強臉部造型力度，為後世藏傳佛教造像樹立了榜樣。至今，這樣的方下巴特徵還在遺傳，成為藏傳佛教的突出印記。佛的袈裟衣著衣紋疊覆密集，隨坐姿動態作整體的大扭轉，繁雜有序，條理分明，遠看似「唐衣出水」，實則寬鬆懸垂，並非緊身纏體。這種款式是漢佛裝的變體，在雕塑語彙

▲ 白居寺彩塑

裡添加了「繪畫性」，與南亞或犍陀羅佛像風格相去甚遠。

阿里地區托林寺迦薩殿發掘的彩塑殘件，及該殿西北塔殿出土的塑像殘軀，都顯示了十世紀末該寺佛造像的風格與水平。塔殿彩塑為站立姿態的佛、菩薩，背光、頭光塑為花環狀連珠紋浮雕，外圈為火焰浮雕紋，彩塑佛、菩薩均為克什米爾風格。古格王宮遺址殘留的彩塑，仍可看出當初輝煌氣派，彩塑與壁畫一樣，受江孜風格的影響，卻不減古格風貌，塑像的體型與面貌都被故意拉長了，蓮座的造型變化多端，塑造技藝如衛藏彩塑，源自漢地而能變通創新。

西藏彩塑陣容最龐大、保存最完好的，首推白居寺彩塑，白居寺的塑像與壁畫一樣，都是藏傳佛教藝術鼎盛期的代表作。

第三節　石雕

　　西藏的石雕藝術分圓雕與浮雕兩大類，比較而言，圓雕藝術運用不夠普遍，但浮雕則類型豐富，這源於藏區民間深厚的石刻藝術文化傳統。以西藏早期的圓雕類石雕藝術作品為例：西藏石刻藝術中甚少圓雕，多為圓形浮雕。吐蕃時期遺存的石刻圓雕，首推著名的藏王墓石獅，其造型雄健渾厚，有大唐風範，石獅的細節刻劃則有經印度傳來的波斯藝術特徵，與吐蕃時期文化藝術對外交流的大趨勢相一致。山南地區瓊結縣藏王墓碑及大昭寺甥舅會盟碑是特殊形式的石雕，在雕刻技藝、文化元素、選材用料等諸多方面，可作紀年最為可靠的參照。

　　山南地區昌珠寺存有大型佛像石刻圓雕，其體量碩大、技藝上乘，可惜頭部被毀，難以推想原貌的細節特徵。桑耶寺石雕種類豐富、技藝精湛，一尊釋迦佛像據稱由哈布山巨石雕成，像高約四米，雖不是吐蕃風格，但屬早期石雕

▲ 藏王墓石獅

▲ 大昭寺門前的唐蕃會盟碑

藝術珍品。大殿門側的兩尊石雕獅子高一點三米，長〇點八米，其藝術風格與藏王墓石獅有某種繼承性，但已趨本土化。大殿前還有兩尊石像，大象高一點一米，長一點三米，小象高、長均〇點五米，石材為漢白玉，這在西藏石刻中極為少見。桑耶寺至渡口途中，有數座別具一格的石雕佛塔，藝匠選地勢、體量適宜的巨大岩石為材料，就地雕鑿成型，形成了當地獨特的文化景觀。

第四節　木雕

　　西藏木雕與泥塑相似，多施彩繪，木雕與高原民眾的生活密切關聯，至今仍是建築及日常用具的主要裝飾手段。建築木雕多用在梁柱、門楣等部位，生活器具主要是藏桌、藏櫃等家具。

　　木雕藝術的繁榮更多受宗教信仰的驅使，寺院的雕梁畫棟規模更大，花樣繁多，內容豐富，也有佛龕佛像的雕刻與鑄銅、泥塑作品並存。在林區，木雕神像仍是常見的原始崇拜方式，西藏最獨特的木雕藝術是木雕經封版、「多瑪班丹」（木雕模塑）、經咒及風馬旗雕版。

▲　木雕佛像

一、建築木雕

　　據史料記載，松贊乾布曾派人往錫金請來蛇心旃檀木雕十一面觀音像，並親自到印度、尼泊爾交界處迎請一尊訶利旃檀木自顯觀音像。據稱，這尊木質圓雕觀音像現仍供奉於布達拉宮佛殿中。

　　大昭寺中心主殿梁柱木雕及佛殿門楣木雕，為七世紀實物遺存，雕刻的內容有：佛本生故事、獼猴變人、菩薩頭像、獅子飛天、供奉天女等，獅子為圓雕，其餘均為浮雕。大昭寺木雕屬南亞尼泊爾藝術風格，是當時西藏與尼泊爾文化交流的藝術見證，其審美與學術價值都具唯一性，木雕能歷一三〇〇餘年不朽，乃一大奇蹟！

▲　大昭寺梁柱雕刻

▲ 大昭寺中心主殿的木雕

　　後世建築木雕內容一般為花草圖案或幾何紋樣，甚少雕造具象人物，木質的佛、菩薩造像則更罕見。民間雕刻的佛龕有浮雕或透雕，內容除花草圖案外，常有「八吉祥」「七政寶」紋樣出現，時有雕工精良、彩繪豔麗的作品出現，審美傾向民間化。

二、經封版

　　「經封版」，即經書封版。藏文經書不裝訂成冊，而是用長條大幅藏紙書寫或印刷，誦經時一頁頁地翻閱，普通經書收藏時用織物包纏，珍貴的經書用上下兩塊木板封裝保護。經書封版往往精雕細刻與佛經相關的畫面、紋樣，成為獨特的木雕藝術品，內容有經咒文字浮雕；卷草、蓮花、蓮珠紋浮雕，五方佛、三世佛、釋迦、觀音等造像浮雕，許多是國寶級精品。西藏各大寺都珍藏有與古經書同在的後弘期木雕經封版傑作，如乃寧寺藏的《釋迦佛傳》經封

▲ 木雕經封版

版，類烏齊寺藏的密宗大成就者群像經封版，屬寶中之寶。

　　木雕經封版藝術至十五世紀之後戛然而止，近現代幾無新作問世。

三、「多瑪班丹」

　　「多瑪班丹」，為製作特殊「多瑪」（供品）時用的木雕陰刻模具。模具有木板、四面棍、六面棍等幾種形制，內容有法器、供品、符咒、神靈，以及諸多飛禽走獸等。據傳，佛教未入雪域高原之時，苯教敬神往往要殺牲祭祀，佛教與苯教融合後需要一種變通的辦法，既要敬神又不殺牲，人們就想出用糌粑製作牲口，或者以「多瑪班丹」刻印牲畜，以作替代。「多瑪班丹」由來已久，是西藏獨有的木雕工藝，好的木雕模具本身即為上乘藝術品。

▲ 「多瑪班丹」印板

▲ 「多瑪班丹」木雕模具

四、符咒及風馬旗雕版

印刷張貼的經咒是為驅魔避邪用，有各種各樣的圖像，內容十分豐富，有各種不同的雕刻技巧，宗教意義之外具有很高的審美價值。經過反覆使用的雕版，呈現出人意料的美感，可視為獨立的藝術品。以雕版印刷的風馬旗（藏語稱「隆達」），在西藏宗教生活中應用廣泛，廣袤的高原大地處處可見其蹤影，如有神山聖地，則插掛「隆達」者接踵而來，以至滿山遍野「彩旗」飛揚，形成成千上萬人參與的宏大景觀。風馬旗由藝匠雕版，信眾印刷，一塊版可印無數幅風馬旗，用過的雕版呈現出精彩的浮雕畫面，有特殊的意境趣味。由於需

▲ 風馬旗（雕版印刷）

求量大，風馬旗雕版已成為西藏較大的手工藝行業。過去雕版藝人多集中於鄉村或桑耶寺、納塘寺等印經院，現今已轉移到大城市進行市場化經營。也有一些村莊，如尼木縣的幾個村莊，有眾多技藝出眾的雕版藝人。

第五節　陶塑

西藏的陶塑歷史悠久，種類十分豐富，內容和形式獨具特色。

一、「擦擦」

藏語稱模印陶塑為「擦擦」，古代的「擦擦」多燒製成陶，有素陶及彩繪兩種。用「擦擦」模脫印出的有佛、菩薩、金剛、護法、佛母、空行母、高僧大德以及壇城、佛塔等，大小不等，以三至十釐米高為常見。土質因地而異，燒製後呈紅色。脫印模具主要為鑄銅凹模，也有石刻模、燒陶模等。古代燒陶「擦擦」在西藏各地都有發現，最集中的地區為西部阿里，衛藏次之，康區較少。阿里地區的古代「擦擦」有素泥質和燒陶兩種，發現大量未經窯燒的、精良的「擦擦」。

▲ 陶塑「擦擦」

古代「擦擦」多用於佛塔裝藏。佛教認為佛塔為佛身的再生，藏傳佛教後弘期大量修建佛塔，無數「擦擦」藏於塔中，使古代陶塑佛教造像得以存留至今。古陶「擦擦」的另一用途是作為影塑貼於佛殿壁上，所需數量很大，按四方連續貼成「千佛牆」，與壁畫千佛相比，別有一番神韻。作為影塑用的陶「擦擦」需彩繪，如同微縮彩塑。燒陶「擦擦」以高浮雕為常見，也有極少量

圓雕出土。由於寺廟、佛塔被毀，大量古代「擦擦」重新面世，絕大多數已流向國外，近年多流入舊貨市場，能夠收藏品類齊全的陶塑「擦擦」很難。

現代的「擦擦」很少用於佛塔裝藏，多用於供奉、還願等。高僧活佛製作的「擦擦」背面有他們的手印、指紋，以示法力注入。摻有活佛骨灰等聖物製作的「擦擦」稱為「布擦」，其神聖意義與法體一樣。摻有名貴藥材的「擦擦」叫「藥擦」，由於宗教與藥物的雙重意義更顯名貴。

現代人做「擦擦」如同做功德，只求數量多多益善，藝術水準不高，造像種類也無法與古代相比。神聖、名貴的「擦擦」供奉在寺廟或家庭佛龕中，一般的「擦擦」大量供奉在神山聖湖的轉經路上、寺廟、村口的「擦康」（供奉「擦擦」的簡易神居）中。

二、建築陶塑

西藏建築陶塑出現在前弘期。文獻記載，「文成公主自大唐招來木工及藝匠甚多，修建甲達繞木齊」，是

▲ 陶塑「擦擦」

▲ 琉璃陶塑

▲ 夏魯寺的元代瓦當

指修建小昭寺，相傳這是一座仿漢唐樣式的建築，崇樓峻閣，金碧輝煌。漢式建築必不可少的是陶藝裝飾，包括後來的桑耶寺建築的漢式部分。可惜這些古蹟已毀，吐蕃時期的建築陶塑已無實物遺存。

後弘期建築用陶主要為佛塔裝飾構件，阿里地區的托林寺殘塔及古格王宮遺址，都發現有佛塔裝飾陶，有菩薩立像及天女立像等精品，造像為模製窯燒紅陶，但脫胎後經過藝人精雕細刻具有一般雕塑的細節美。後藏的納塘寺仍存有一些紅陶獸面瓦當。乃尼寺古塔亦有土坯壘砌的外飾陶件，至今仍可見古代陶飾殘片。夏魯寺曾建有數座古塔，最宏偉的是布敦大師為紀念母親修建的菩提塔，人稱尊勝十萬見聞解脫塔，塔內裝藏有不動佛三千多尊、釋迦佛一千多尊、脫模「擦擦」三十多萬尊，佛塔通體鑲嵌琉璃構件，現仍可見許多殘片散落該寺廢墟周圍，多為佛塔基座的大型蓮瓣、佛像及紋飾殘片，現存完整的構件有「一佛二弟子」「一佛二菩薩」、度母等，雖為批量生產，但每件都可稱為藝術品。

夏魯寺為藏漢結合式建築，大屋頂為綠琉璃瓦覆蓋，屋脊飾瑞獸、寶相花

紋，簷飾瓦當有吼獅、卷雲、海螺、寶樹、寶瓶、佛塔、蓮花等圖案，護牆陶飾有琉璃經幢、供養天女等。非模製的天女情態各異，有寶瓶天女、飛輪天女、持花天女、燃燈天女等，燃燈天女尤為動人，是西藏古代陶塑中的傑作。夏魯寺的元代瓦當、陶飾構件是當年藏漢藝人就地製作的，一九八四年維修夏魯寺時，發現有十四世紀建寺時標註的漢文構件號碼。夏魯工匠系統地掌握了燒製工藝後，將燒製琉璃陶的技藝整理成書。十三世達賴喇嘛時期修建的羅布林卡及大昭寺前面的琉璃橋，所用的掛釉陶件就是夏魯工匠主持燒製的。昌都地區的嘎瑪丹薩寺也有精心製作的陶塑，該寺原為藏漢式建築。

　　影響比較大的其他雕塑種類還有玉雕、酥油花塑等。著名的玉雕有《八思巴》等。

　　西藏盛產酥油，故而酥油花塑比較盛行，大型的有藏曆正月十五晚上擺設

▼ 酥油花塑

的酥油花塑；小型的有寺廟中供奉的酥油花塑供品，多得數不勝數；酥油花塑
還運用到生活用品裝飾上，如酒壺、酒杯上綴粘的酥油花塑。

第七章

石刻藝術

青藏高原，山的海洋，石的故鄉，靈石崇拜
自古有之。苯教文化時期的石刻藝術以岩畫
為代表；佛教文化時期，則有遍布整個藏區
的摩崖石刻藝術與瑪尼石刻藝術。

第一節 岩畫

關於藏族繪畫起源，有個美麗的傳說。相傳很久以前，有個放羊的奴隸叫阿嘎，他每天把羊趕到水草肥美的地方，然後以石板為紙，用木炭作畫，描繪各種動物、花草。有一天，在他前面的山坡上突然出現了一頂彩虹做的帳篷，裡面有一位美麗的少女翩翩起舞。阿嘎情不自禁地向她跑去，可越向她靠近離她越遠，最後她和彩虹一起消失了。晚上，他回到帳篷仍念念不忘，於是就在石板上把少女的形象畫出來，並用鐵鑿子把畫像刻出來反覆端詳。有一天，一個朋友看到了石刻少女像，驚奇地問，「這是什麼？」阿嘎回答說「日吉普姆」（大山的女兒）。朋友回村後只記住了「日姆」一詞，逢人便說：「牧羊人阿嘎那裡有一件非常神奇的日姆。」眾人聽說後紛紛前去觀看這件神奇之物，讚不絕口。後來藏語中的「日姆」便成為指稱岩石繪畫、雕刻的專用詞彙。這則民間傳說不但講述了藏族繪畫的起源，也講述了藏族雕刻藝術的起源，說明西藏岩畫大量出現在鐵器發明以後。從西藏阿里和藏北地區發現的大量岩畫，可以看出藏族先民對繪畫、雕刻的濃厚興趣。

二十世紀四〇年代以來，在西藏各地陸續發現了一些西藏早期的岩畫作品。

一、西藏岩畫的題材內容

西藏岩畫在阿里地區最為集中，如日土縣日土鄉的魯日朗卡、阿壟溝等，日松鄉的日姆棟，熱邦鄉的蘆布湖、左用湖等，扎布鄉的康巴熱久，烏江鄉的那布龍、塔康巴，多瑪鄉的曲嘎爾羌、多瑪等。

西藏岩畫的題材十分豐富。岩畫畫面中，百分之八十以上是動物，還有人物、神靈、器物、建築物以及其他具有像徵意義的符號，如「雍仲」（俗稱萬字）、太陽、月亮等。以「日土縣任姆棟地點一號岩畫」為例，這是一幅以太

▲ 日土縣岩畫

陽崇拜為主題的苯教大型祭祀岩畫，在中上部，與日月並列刻畫有格外誇大的男性生殖器，反映了苯教「男女為天地之倫，天上日月為陰陽」的宇宙觀。

二、西藏岩畫的藝術特色

西藏岩畫的製作方法有塗繪和鑿刻。塗繪和鑿刻的造型「筆法」粗放有力且甚為隨意，像天真爛漫的兒童畫，洋溢著原始的活力。

岩畫的造型是稚拙的、平面的、裝飾性的，其生動性表現在對形象和動態的敏銳感覺，造型方法十分簡約卻不簡單，種種形象都有符號化的傾向，如同複製了童年的夢，是非邏輯的、非理性的，但具備原始、直觀的強烈視覺衝擊力。

▲ 日土縣任姆棟地點一號岩畫

第二節　摩崖石刻

　　進入藏傳佛教文化時期，摩崖石刻成為西藏佛教藝術發展的重要展現形式。前弘期就出現了摩崖石刻，近二十年來，西藏各地尤其是藏東地區發現了許多吐蕃王朝時期的佛教石刻遺存。進入後弘期，摩崖石刻盛行起來，遍布藏區各地的佛教摩崖石刻成為藏區宗教文化一道靚麗的風景線。

　　藏傳佛教的摩崖石刻有石窟藝術與露天崖刻兩種。拉薩藥王山下查拉魯普石窟造像屬高浮雕，石窟為印度支提式（中心塔柱式石窟）。窟內造像經後世多次增補，至明代已有七十一尊，除兩尊泥塑，其餘均為石刻高浮雕，題材有佛、菩薩、護法、弟子及歷史人物松贊乾布、文成公主、尺尊公主、祿東贊等，大部分為吐蕃時期作品，其中四十七尊造像作品均為古代南亞風格。日喀

▲ 巨石造像

則地區拉孜縣原宗山遺址，有一處石窟造像，雕刻有高浮雕大日如來佛、不空成就佛、不動佛、寶生佛、無量壽佛（五佛五智），造像肢體袒露，帶有南亞風格，為十至十二世紀作品。

拉薩藥王山南麓東西兩端有大面積露天摩崖石刻，集藏傳佛教各派歷代供奉神佛造像之大成。山石為水成葉岩，極易風化，故造像剝蝕嚴重，因此激發信眾不斷重雕以積功德，石刻呈不同時代刻鑿的復合效果，又經塗繪或潑彩，已形成生動的民間藝術風貌。又有大量經幡疊壓垂掛，常常桑煙繚繞，是轉經路上信眾膜拜的聖地。

拉薩西郊機場路邊山崖上有一尊著名的「大菩薩」佛像，此尊坐西朝東，背山面水，迎送著古今千萬信眾，凡過往人等都要行注目禮或駐足膜拜，雖無廟堂的莊嚴，卻是佛造像中最貼近大眾的，今人的油彩塗繪不掩其古樸的風貌。造像年代約在十五世紀前後。

▲ 藥王山南麓露天摩崖石刻

▲ 石刻造像

▲ 摩崖造像

拉薩各大寺附近山腰巨石嶙峋，每有信眾刻石造像，漸成氣候。這一類石刻多在轉經路邊，僧俗信眾繞寺轉經時，都要膜拜或煨桑，形成天地間的大道場，達到了返璞歸真、脫俗絕塵的清虛境界。給人留下最深刻印象的是哲蚌寺的宗喀巴巨石造像，以及色拉寺的大威德金剛崖刻造像和度母崖刻群像。因地制宜、素樸天真是藏族民間石刻的典型特色。

拉薩帕蚌卡宮上方極高處，有兩處摩崖造像，其一為著菩薩裝佛像，刻於立石，古樸稚拙；其二為刻於巨大岩面緩坡的四臂觀音，造像面向山谷，遠眺拉薩，呈心胸廣闊之相，營造出「有容乃大」的氣度，造像年代約在宗喀巴到此處弘法時期。

拉魯濕地以北山麓，有巨石崖突出山體，崖上浮雕釋迦牟尼佛與無量壽佛。其中釋迦牟尼佛構思獨特：蓮座下雕有兩隻孔雀，作啄食狀；佛背光、頭光為陰刻，嵌進背後陰刻佛塔；左右脅侍菩薩縮小後，括於塔瓶肩部弧線中。整體構圖巧妙，表現出即興創作的生動性，約為十三至十五世紀作品。再西向，山上有寺廟廢墟，巨石滿坡，鮮有人跡，細觀可見古石刻群。造像圓渾厚實、古樸大氣，背光、頭光陰刻十至十五釐米深，凸顯造像為高浮雕。此處的

佛、菩薩造像以粗放質樸的手法、簡潔明快的造型，雕刻出生命活力極飽滿、性情平靜安詳的群像，與印度阿旃陀石窟造像神似，是吐蕃遺存中的傑作。

丹瑪岩摩崖石刻位於昌都地區察雅縣香堆區仁達鄉。據說，文成公主進藏途中，在此修建了一座寺廟。石刻題記謂：「於赤松德贊之世，猴年（816年），奉樨巴益安央之命刻。」浮雕主題為佛與八大弟子坐像，佛坐中央，八大弟子排列左右，眾菩薩頭戴三葉冠，裝束似王族。坐姿各異，自然優雅。丹瑪岩石刻屬紀年確切的吐蕃石刻遺存，極為珍貴。

日喀則地區康瑪縣紹崗鄉沖多湧曲河東岸斷崖上，有一處規模較大的摩崖石刻，造像主題為坐佛、立佛、彌勒佛、度母等，大型造像共七尊，造像背山面水，體量大，內容與布局鬆散，應為不同年代、不同藝匠鑿刻。此處造像距乃寧曲德寺很近，該寺始建於赤松德贊時期，位於西藏通往南亞的古商道上，鼎盛時期有六個扎倉，僧人近萬名，附近的摩崖石刻群顯然受該寺影響而開

▲ 日喀則摩崖石刻造像

鑿。乃寧曲德寺僧眾在一九〇四年抗英鬥爭中表現得英勇不屈，乃寧曲德寺最後被英軍縱火焚燬，變成廢墟，但石刻仍傲然屹立，與山河廝守。仲瑪湧曲河流域即著名的「紅河谷」，滿則村石刻群是紅河谷大景觀中一個突出的亮點。

西藏現存造像碑數座。拉薩林周縣傑堆寺造像碑約刻於十一世紀初或更早，碑通高一點三八米、寬〇點九五米，青灰色石材，頂呈拱形，底部雕為覆蓮，碑座高〇點二米。造像為彌勒佛，著菩薩裝，佛高一點一六米；右上方雕一男性飛天，肉髻、三眼、濃眉、留鬚；另有三尊立像各呈其妙。造像內容如此豐富，是西藏早期碑刻中的傑作。西藏阿里地區普蘭鎮觀音菩薩造像碑，現立於鎮南約十公里處的喜德村。石材為細沙岩，露出地面部分（即觀音立像全身）高一點二米，造像為高浮雕。觀音戴高寶冠，長臉、兩耳垂環，上身袒露、下身著裙。碑左右兩側刻有古藏文題記，與林周造像碑相比，普蘭造像碑問世時間更早。

第三節　瑪尼石刻

　　瑪尼石藝術是西藏最普及、最富藏族特色的石刻藝術。瑪尼石刻在西藏的出現早於佛教始傳雪域的七世紀，它承載著藏族的自然崇拜與早期宗教信仰。世代傳延，生生不息。瑪尼石藝術是藏族精神生活的一個富有生命力的載體，是本土石雕藝術的原生態活化石。

　　西藏瑪尼石藝術有不同類型，西部阿里地區的瑪尼石多採用白色卵石，雕刻法式如繪畫，多以線刻為主，題材集中於佛教造像系統，創作心態偏理性。現代瑪尼石供奉則集中於神山岡仁波欽，雕刻內容多為明咒、經文。衛藏地區即西藏中部的瑪尼石藝術有「書生氣」，材料使用很隨意，一般為不同質地的頁岩，有黑色脆硬的，有灰綠綿軟的，開採為片狀，不修邊打磨，藝匠雕刻時隨形施刀，構圖自由。內容講究，佛、菩薩、教派祖師、大成就者等正統佛教造像，合乎規範，造型嚴謹，上乘之作往往有生動的性格刻畫；護法、靈異題材亦成系統，是衛藏地區瑪尼石中富於感染力的內容，造型生動怪異，極富藝術想像力，曾經是藝匠熱衷的主

▲　瑪尼石刻

▲　瑪尼石刻造像

題；密宗樂空雙運金剛、空行題材及壇城，雖無大量作品存世，每有遺存必有佳作。拉薩藥王山摩崖石刻群附近有一座瑪尼石塔，塔體壘作金字塔狀，全以雕刻經文之頁岩構築，四面鑲嵌佛教造像之完整體系，現已上牆一千餘方精心雕刻的瑪尼石，蔚為大觀。

在衛藏地區，古代瑪尼石刻存世數量極大，精品傑作時有發現。布達拉宮外圍牆為二十世紀九〇年代新建，壘牆期間，信眾貢獻許多瑪尼石，大量的、各種題材的石刻精品砌在牆體上，使布達拉宮西側圍牆成為瑪尼石藝術之牆，是轉經路上一大景觀。有一方並非瑪尼石的高浮雕石刻精品也被砌在牆上，為十五世紀作品。有些無名畫師妙筆生花，如「三寶塔」，石刻有彩塑之妙趣。

瑪尼石刻規模最盛大的地方在西藏東部昌都地區。實際上，大規模的瑪尼石堆自那曲地區的比如縣已經出現，向東至丁青縣、類烏齊縣，沿途有大型瑪

▲ 供放在瑪尼堆上的馬頭

尼堆凸顯在天地間。這些瑪尼堆大多占地方圓幾百米，以巨大卵石為材，雕刻造像或經咒後層層壘砌，莊嚴崇高如神山，有轉經道環繞，彩幡張揚於上空，動靜對比，成就有聲有色之獨特景觀。有些地方的瑪尼堆與塔林結合為一體，聲勢更大，大規模瑪尼堆一般都積累百餘年，甚至幾百年，猶如露天的寺廟殿堂。由於是民眾的自發行為，任何人都可隨願、隨緣壘砌，其面貌也就與時俱進。有些舊的精品被埋沒了，另一些令人驚喜的新作又出現了，一代一代的變化形成一層一層的疊壓，是時間的固化，也是精神文化的積累，可以稱之為瑪尼石文化現象，世世代代在西藏東部及其周邊廣大地區延展著。

第八章

面具藝術

西藏的面具藝術，品種樣式繁多，由於它凝聚了原始巫教、苯教和藏傳佛教的崇拜意識，反映了藏民族的思維觀念、審美趣味及其藝術特點，獨具神異特色和民族文化意蘊。

第一節　面具的發展

西藏面具藝術歷史悠久，大體上經過了質樸粗拙的圖騰面具、規範宏大的神舞面具、丰姿多彩而又登峰造極的藏戲面具的不同發展階段。

一、圖騰擬獸面具的產生

藏族面具雛形早在距今三五〇〇至三七五〇年（相當於中原夏代晚期）已經出現。在拉薩新石器文化曲貢遺址出土的陶器中屬於陶塑的作品有兩件：一為陶器上的猴面貼飾，浮雕技藝；一為器蓋上的鳥首，圓雕技藝。鳥首有些像禿鷲，猴子和禿鷲都是藏族的圖騰，圖騰崇拜是藏族面具的源頭之一。日土縣任姆棟岩畫點第一組一號岩畫上「舞蹈祭祀圖」中處於中心位置的四個舞蹈人頭戴鳥形面具，它應該是遠古時期某個部族所舉行的一次盛大的苯教求神儀式的真實記錄。

傳說苯教的忿怒王本尊使用各種神力和法術同羅剎王相鬥，其中就有八種腳步和多種手法編成祭祀舞蹈，後來被人們稱為「羌姆」。相傳本尊還把這種驅邪神舞傳給桑瓦定巴，桑瓦定巴再傳給吐蕃第一代贊普的上師朗卡龍瓦多吉和僧巴朗卡。朗卡龍瓦多吉在聶赤贊普修建雍布拉康時，為調伏地鬼亦曾舉行盛大的祭祀活動。這種藏族早期原始圖騰崇拜以面具擬獸的舞蹈，至今仍流行在四川阿壩州平武縣的白馬藏族中，當地人把它叫作「措」，是祭祀山神祈求庇佑、豐收、吉祥的古舞，其面具形像有獅、龍、虎、豹、雕、豬、牛、羊等。

據史料記載，松贊乾布頒發「十善法典」，舉國歡騰，王室與臣民進行盛大慶祝會，「飾犀牛或獅虎」進行歌舞，顯然是指人戴面具的表演。在桑耶寺落成典禮上，「又扮牛虎獅子形，頭戴面具舞吉祥」。從這些記載中可以看出，在吐蕃王朝的早期藏族各種民間藝術表演中，有不少戴圖騰面具擬獸的歌舞。

二、神舞「羌姆」面具

據史料記載，八世紀產生了按照當時人物塑造的藥泥神像。在《蓮花生傳》中，佛教僧人攻擊苯教巫師的祈神儀式時說：「木製鹿頭帶雙角，紙糊犛牛面捏羊。」從中可以看出，以擅長佛教密宗金剛乘咒術而著名的蓮花生，被赤松德贊邀請入藏以後，為調伏苯教徒對外來佛教的反對，採取了容苯教於佛教之中的策略，把苯教巫師祈神儀式中的擬獸面具舞蹈形式吸收了過來，與被藏傳佛教密宗吸收的印度教恐怖忿怒神形象和佛教密宗的金剛舞蹈結合起來，形成了一種新的藏傳佛教祭祀儀式，也就是後來被叫作「羌姆」的戴面具表演的跳神。

在阿里地區的考古中發現有紙質面具，其代表性作品為寺廟「羌姆」中的神祇面具，出土地點為阿里地區札達縣帕爾宗石窟遺址。霍巍、李永憲著《西

▲ 林芝地區工布新年上跳「羌姆」的武士

藏西部佛教藝術》一書中，刊載了四幅紙質面具照片。

　　十一世紀，隨著各種儺儀，特別是跳神「羌姆」的正式形成以及藏傳佛教後弘期不同教派的出現，開始塑製出更為完整、豐富的神像面具，面具舞蹈開始逐漸傳入民間，在民間也出現了面具舞蹈「羌姆」，稱之為「米那羌姆」，即俗人跳神。這對「羌姆」這種宗教舞蹈藝術包括面具的變化和發展，是個巨大的推動。

三、豐富多彩的藏戲面具

　　西藏的面具製作也受到漢族的影響。十七至十八世紀，以布達拉宮擴建定型為標誌，藏傳佛教的造型藝術和西藏的繪畫、雕刻、塑像、裝飾，包括建築藝術等，都已自成體系。在布達拉宮浩如煙海的壁畫中，有漢族僧人頭頂著面具，手拿一把摺扇進行表演的場面。伴奏的樂器除藏族傳統的鼓、鈸外，增加了一面內地的銅鑼，這在西藏是很難見到的，明顯是漢地僧人帶來的一種藝術表演形式。

　　十四世紀，面具藝術得到了很大的發展。

　　藏傳佛教造型藝術、藏族藝術獨特體系和形式風格的形成，以及受其他藝術形式影響而產生的變化，對藏戲，包括在後來產生的昌都藏戲、德格藏戲和門巴族的門巴戲，以及藏戲面具的不斷發展，都有直接的影響。從十七世紀至二十世紀初期，藍面具藏戲的面具藝術在整個西藏面具藝術中發展到了登峰造極的境地。

▌第二節 面具種類和特色

一、原始祭祀（儺）面具

原始祭祀（儺）面具，主要指由僧俗民眾參與的，屬於原始巫教和苯教的一種民間驅儺活動中所使用的面具。如後藏昂仁縣抗災儺儀上使用的「吉達」面具。

二、民間表演藝術面具

西藏民間表演藝術十分發達，歌舞、說唱等都戴著面具表演，如說唱藝人「折嘎」的羊皮面具；林芝的民間歌舞「羌博」中擊鼓而舞的女巫面具；曲水縣希榮野牛舞中領舞師和野牛面具。

三、宗教面具

宗教面具，主要指藏傳佛教的寺院儺跳神面具和寺院中懸掛的供奉面具。

（一）跳神面具

西藏的跳神面具豐富多彩。藏傳佛教的不同教派的跳神儀式、舞蹈、祭祀的神祇及面具具有各自的特色。

（二）供奉（懸掛）面具

宗教面具中有一種懸掛或被捆鎖於密宗神殿牆上或梁柱上的供奉面具，有各類護法神、明王、明妃、地方神及其侍從、隨奴和被收伏的女鬼等。這類護法神、明王、明妃、地方神的面具與跳神面具基本一致。

▲ 跳神面具

四、藏戲面具

（一）平板式軟塑面具

　　這是西藏戲曲中具有獨創特色的一種面具，它的樣式最為豐富。一般由皮革或呢料、絨布製作而成，白面具在一張皮毛片上摳挖出三個洞，分別當作眼睛和嘴巴，再在兩眼間掛一個胡蘿蔔型或片狀鼻子；藍面具造型十分誇張，裝飾格外美觀，繪製特別精巧，色彩尤為絢爛。白、藍平板軟塑面具的主要區別在於底色的不同。

　　王后或女主角的母親是墨綠色的小面具，綠色主俊美慈愛，柔和溫順，大度包容，充滿智慧。這種面具很小，戴於額頭的一角，給人一種神祕、奇幻的感覺；面具下的人臉以最樸實、最真切的表情演繹著世態人情。

仙翁、隱士或喇嘛戴黃色有白鬍子的面具。黃色主神聖、知識和德性，也是後來在西藏占統治地位的藏傳佛教格魯派的象徵色。

　　村民老頭、老太戴土黃布或白布面具，白色或土黃色主老實敦厚、單純、馴服，屬於草根階層。

　　《朗薩雯蚌》中，老尼姑阿納尼姆佩戴的面具，是色彩陰暗的棕色面具，與她的陰暗內心十分吻合，是其醜噁心靈的外化物。

　　《卓娃桑姆》中，哈江魔妃所戴的面具，黑底上是張著血盆大口、青面獠牙、猙獰恐怖的惡魔，黑色代表了令人恐怖的邪惡力量和消極情緒，象徵醜惡、凶厲、罪孽、死亡、地獄等。

　　耍巫術的快嘴舞女亞瑪更迪是半邊白、半邊黑的陰陽臉面具，黑白相伴主奸詐偽善，藏語所謂「個尼巴」，意為兩個頭，即兩面派。

　　這類面具造型簡潔誇張，質地較軟，也十分輕便，演員戴著便於表演，戴在臉上有立體感，眼睛和嘴巴部分按形狀裁空，只是比較誇張，把嘴巴裁成一

▲ 王后或母親面具

▲ 四品小官根保面具

個很大的口，口型也不特別拘泥於原嘴形。如《白瑪文巴》中，國王的捷足信使大臣崗角彭傑戴的就是黑絨布裁製的面具，嘴口很大很長，鼻子製成可以甩動的，便於甩著作各種滑稽表演。《朗薩雯蚌》中，四品小官根保面具用平板皮革製成，土灰色的臉呈現凶惡的樣子。

在平板式軟塑面具中，「溫巴」藍面具有最為豐富、奇巧、誇張的裝飾。面具以藍色為底色，先在硬質布板上裱糊藍底花緞，然後鑲金綴花裝飾。頭頂有個很大的箭頭形狀的箭突裝飾物，上面鑲嵌財寶「噴焰末尼」圖案，下接從額頭到兩耳前的一半圓

▲ 「溫巴」藍面具

形裝飾圈邊，並鑲有金絲花緞；額頭上佩綴以金子或金色的圓日和銀子或銀色的月牙形徽飾，這個日月徽飾是從巫教和苯教時期傳下來的象徵吉祥的符號；臉部、下巴和兩頰外沿裝飾有白頭髮、白鬍子，據說，此造型來源於唐東傑布頭上以金剛杵挽住白髮的形象。

（二）半立體軟塑面具

一般由布或在布層中塞入棉絮或獸毛製成，如藏戲中的村民常斯老頭面具，以塞入薄薄絮毛的布袋縫製成半立體的假面臉部，嘴巴和雙眼有的按形裁空，有的按形縫嵌，鼻子製成立體的，眉毛、鬍子以氂牛尾毛縫綴。如《白瑪文巴》中的老太嘎嫫賓珍面具，完全用一張皮子壓塑成半立體的假面，嘴、眼按形雕空，鼻子壓塑出稍稍突起之形，頭髮、鬍子就以皮子上下邊上留的皮毛

製成。

　　昌都藏戲中的仙翁面具，則用一張皮子壓塑縫製成半立體的假頭面具，有如撐開的半個倒扣的皮袋，嘴、眼按形雕空，縫上眉毛、鬍子，鼻子壓塑得稍具立體感。

　　這種半立體軟塑面具數量不算多，但很有特色。它源於早期的原始祭祀和民間藝術，逐漸適應於戲劇人物的性格化表演。

（三）立體硬塑面具

　　一般由泥塑或者脫出紙殼或漆布殼的泥塑繪製而成，用於藏戲中的魔

▲ 老太嘎嫫賓珍面具

怪角色和神舞角色，是宗教跳神面具。如《朗薩雯蚌》中，乃尼仁珠廟會上的跳神，跳的就是密宗金剛舞，是男性怖畏忿怒神形象，三目怒睜、張口齜牙的猙獰恐怖面貌令人肅然生畏，頭冠上一般都飾有五個骷髏，此即所謂威猛憤怒相，具有伏惡之勢、護善之功。

　　跳神角色「阿扎勒」意為佛法導師，在「羌姆」中代表來西藏傳教的印度僧人，面具一般為棕色或黑色，大鼻子、絡腮鬍，臉形明顯帶有印度人特徵。在十一世紀以後，「阿扎勒」的表演形象開始發生變化，「羌姆」表演也對俗眾開放，藏族僧人在表演時，也加入了自己的理解，「阿扎勒」開始以一個滑稽角色出現，舞蹈動作起落輕巧，變化自如，富有幽默感。典型動作包括叉腰轉肩、揚臂散花、單手祈禱等。

　　《蘇吉尼瑪》中，在女主人公被流放到天葬台後，出現了四個「獨達」，亦即骷髏鬼。骷髏鬼是藏傳佛教各派中最常見的一個角色。他原是西藏本地的

▲ 「阿扎勒」面具

一種厲鬼，在蓮花生赴藏時，曾出來作拚死的反抗，大師將其在沸騰的湖水中煮成骷髏後，作為被降伏的苯教神靈，把他編排到「羌姆」神舞之中。這種從「羌姆」中借用過來的骷髏神，在藏戲《蘇吉尼瑪》中被用以表現天葬台神王角色。

在《白瑪文巴》中，主人公白瑪文巴系蓮花生大師的前世化身，僧俗民眾為慶賀他的誕生跳一種敲手鼓的侍傭神「梗」舞，是男性比較謙恭賢善的形象，臉型膚色也有明顯的印度人特徵。它原系薩迦寺的一種跳神，是覺木隆戲班著名戲師扎西頓珠在整理編排《白瑪文巴》時加進去的，受到歷代僧俗民眾的歡迎。

神舞面具還有魔妃哈江面具、九頭羅剎女王面具、外道國王目迪傑布面具、怖畏金剛面具、地獄閻王面具、松贊乾布面具、馬頭天王面具等。

作為一種群眾性娛樂活動，各地民間藏戲在面具塑制上，與宗教面具嚴格

▲ 跳神面具

的程式和規定完全相反，沒有固定的製作方式和嚴格的程式，在某種程度上它是自由的、隨性的，完全隨表演者、製作者的主觀意識而變化，所以拉薩附近的扎囊縣朗傑雪和遠在邊境洛扎縣的兩個藏戲隊製作出來的同一角色面具，其形態、樣式差別很大。同樣，墨竹工卡縣藏戲隊製作的羅剎面具與自治區藏劇團製作的羅剎面具差別也很大。

（四）立體寫實的動物精靈面具

動物精靈面具有用泥布硬塑的，也有用布料或皮革、毛線軟塑的。多數為包括頭和全身皮毛的假形面具，也有部分是假頭面具。藏戲表現的多為宗教或神話傳說故事，其中穿插有不少動物靈怪魔妖角色。演出時，演員穿戴上動物面具進行表演。如《卓娃桑姆》中，白瑪金國牧場犛斗舞裡的犛牛。

各種動物舞蹈面具包括：《朗薩雯蚌》中的乃尼仁珠廟會上的孔雀舞面具，《卓娃桑姆》中的黑白蛇舞面具，以及其他藏戲中的猴子舞和神鳥迦陵頻迦舞等面具。

還有一種是描摹動物的主要形象特徵，特別是頭部和臉部特徵，裁製、繪塑成只有頭部或臉部的面具，戴在演員的頭上作虛擬象徵性的動物表演。有的以泥土塑製成比較真實的動物腦袋，有的以布裁製成比較簡單抽象的動物面具。如《蘇吉尼瑪》中，獵人追獵的豬、獐子、鹿等，蘇吉尼瑪被押往沸血海天葬台時遇到的熊、虎、豺、豹等，還有能預測禍福的鸚鵡等。

▲ 狼頭神面具

五、藏戲面具的藝術特色

（一）超物象的形式美

藏戲用意象創造的方法將客觀物象進行精神性提煉，使之虛化、泛化，與客觀物象保持一定的距離，具有超然物外的形式美。

藏戲面具以各種色彩象徵不同的性格類型，以裝飾性極強的圖譜加以表現。這種誇張性面部化妝，除了保留眉毛、眼窩、嘴巴等部位的大致真實之外，它已具有一種超越物象的形式美。

（二）「物我兩忘、主客融一」

面具的外在形式力量大於演員的表現力。表演時，面具不再是道具，而演員實際上成了面具的道具。在扮演藏戲時，只有演員與面具之間的心理距離為

零時，演員才能真正進入角色，表現出角色的意蘊。一般面具大於真實面容，可以用來改變面形，突出氣質和性格特點，與劇情相協調。雖然一個面具只能代表一個人物，但使用、變換方便，戴上面具即隔離了演員與觀眾的直接情緒交流，演員可以很快入戲，這是塗面化裝不能替代的。面具阻斷演員與觀眾直接交流，從而促進演員更容易進入「物我兩忘、主客融一」的境界。

（三）宗教之美

藏戲中神鬼硬塑型面具，總體上蘊藏「醜學意義上的美」，它給人一種沉重、扭曲、抑鬱的壓抑感，這是一種幽暗之美。

藏戲《卓娃桑姆》中，哈江魔妃的紫紅色大面具濃眉緊鎖、眼放凶光，在鷹鉤鼻子下張著吃人的大嘴。在左臉頰上有一顆大黑痣，標誌著她既是一個妖嬈豔麗、玉顏花容的妃子，又是一個嫉妒成癮、殘暴凶惡的魔女。通過這種面具中的美與醜、真與假、善與惡的對立統一，構成了這個魔妖角色狠毒、狡黠的典型特徵。

在藏戲演出過程中，怖畏金剛護法面具通過兩方面呈現獰厲之美：一是面具自身的怖畏形態；二是演員二度創作出的藝術形象。藉由這兩個方面，怖畏金剛護法面具的獰厲之美就能生動鮮活地呈現出一種生命的靈氣。

藏戲借象徵性面具表演和特定的藝術表現語彙，能調動觀眾的想像力和直覺感受，甚至迷思幻想，觀眾基於固有的心理圖式

▲ 骷髏神面具

充分展開聯想。由形而下之「象」（面具形式）轉為形而上之「情」（宗教情感），體驗到象外之象，由最初的神祕感、恐懼感進而達至審美快感。在迷離恍惚的共鳴狀態下，甚至有信徒在藏戲演出過程中，不自禁地開始虔誠膜拜。可見觀眾已經悟到藏隱於內的宗教教化之旨。

面具的審美主體通過領悟宗教美，達到自我覺悟，重拾人生有價值的東西，擺脫對現實真善美的錯位和疏離，影響人們的思想、信念和行為，達到身心的自由和解放。因此，面具並不是抽象、理性的哲學思想的代言體，也不是強硬的說教勸化的媒介物，而是蘊含宗教因素的藝術道具。

（四）樸拙隨意性和怪誕殊勝性

藏戲雖然從內容到形式都浸透了宗教意識，而且部分寺院僧人還組織藏戲演出班子，但它的本體生存、發展始終在民間，進行藝術創演的主體主要是世俗民眾，因而它的面具製作，保持了西藏民間面具比較自由和隨意的特性。

藏戲面具吸收了宗教神魔鬼怪面具的怪誕性、神聖性和象徵性，藏戲面具的產生使藏族古老的面具藝術從宗教世界邁進了人的世界。人的真、善、美和假、惡、醜得到更直接的表現。它的造型凝重渾厚、生動傳神、色彩鮮明、和諧大方，注重整體效果，充分展示了這種面具的說明性、誇張性、評議性和性格化。

宗教面具中還有一種靜善相神佛面具，如菩薩、度母、釋迦牟尼佛等面具，沒有多少程式化的束縛，流露出更多的人性。恬靜的儀容，憐憫、慈愛的神情，看上去聖潔、優美，溫馨的撫慰和甜蜜的召喚使人與神佛產生靈魂的交流。這種和諧、溫馨的體驗豐富了藏人對安逸、祥和、寧靜的審美感受和意識。這是一種以「愛神」的感化力量來普渡眾生。

藏戲面具運用了獸皮、粗布、毛線等材料，勾貼線條簡潔而又恰到好處，以大片山羊皮毛為蓬鬆的白髮，這些都反映了藏戲面具的古老、稚拙的韻味。

藏戲面具的象徵和概括力也十分突出。如藍面具「溫巴」（漁夫或獵人），

他是勇敢和正義的楷模，設計面具
的民間藝人還巧妙地用「扎西達傑」
（八吉祥徽）圖案裝飾了「溫巴」面
具，使它成為藏戲藝術中尤為瑰麗
精緻、大型典型的藍面具，它的形
象象徵地蘊含了從宗教到世俗的吉
祥、圓滿和幸福的意念和祈求。

　　每一個面具本身，也都是有虛
有實，以形寫神、形神相映的。如
「溫巴」和各種角色面具，臉部的輪
廓線和眼形、嘴形都雕畫得很真
實，而整個臉形面色卻又是虛的。

▲ 懸掛面具

很多藏戲面具的象徵意味格外濃
重，製作者往往不太注意現實世界的情景，根本不拘泥於外表的真實，是對自
己心中宗教世界的虛擬展現。即使在很寫實的泥塑神像面具上，也有誇張變形
之處，使之內在的神情秉性凸顯了出來，往往使得面具造型惡的更惡，善的更
善，促使各種戲劇角色的性格突現在面具的造型中，賦予了宗教神聖和世俗審
美的雙重品格。

昌明文庫·悅讀中國 A0607005

西藏藝術

作　　者	劉志群
版權策畫	李煥芹
發 行 人	陳滿銘
總 經 理	梁錦興
總 編 輯	陳滿銘
副總編輯	張晏瑞
編 輯 所	萬卷樓圖書股份有限公司
排　　版	菩薩蠻數位文化有限公司
印　　刷	百通科技股份有限公司
封面設計	菩薩蠻數位文化有限公司

出　　版　昌明文化有限公司
桃園市龜山區中原街 32 號
電話　(02)23216565

發　　行　萬卷樓圖書股份有限公司
臺北市羅斯福路二段 41 號 6 樓之 3
電話　(02)23216565
傳真　(02)23218698
電郵　SERVICE@WANJUAN.COM.TW

大陸經銷
廈門外圖臺灣書店有限公司
電郵　JKB188@188.COM

ISBN 978-986-496-437-6
2019 年 3 月初版
定價：新臺幣 280 元

如何購買本書：

1. 轉帳購書，請透過以下帳戶
　合作金庫銀行　古亭分行
　戶名：萬卷樓圖書股份有限公司
　帳號：0877717092596
2. 網路購書，請透過萬卷樓網站
　網址　WWW.WANJUAN.COM.TW

大量購書，請直接聯繫我們，將有專人為您
服務。客服：(02)23216565 分機 610

如有缺頁、破損或裝訂錯誤，請寄回更換

版權所有·翻印必究
Copyright©2019 by WanJuanLou Books CO., Ltd.
All Right Reserved　　　　　**Printed in Taiwan**

國家圖書館出版品預行編目資料

西藏藝術 / 劉志群著.-- 初版.-- 桃園市：
昌明文化出版 ; 臺北市：萬卷樓發行,
2019.03
　面；　公分
ISBN 978-986-496-437-6(平裝)

1.藝術　2.西藏自治區

676.608　　　　　　　　　　108003125

本著作物由五洲傳播出版社授權大龍樹（廈門）文化傳媒有限公司和萬卷樓圖書股份
有限公司（臺灣）共同出版、發行中文繁體字版版權。